eビジネス新書

No.366

週刊東洋経済

地銀

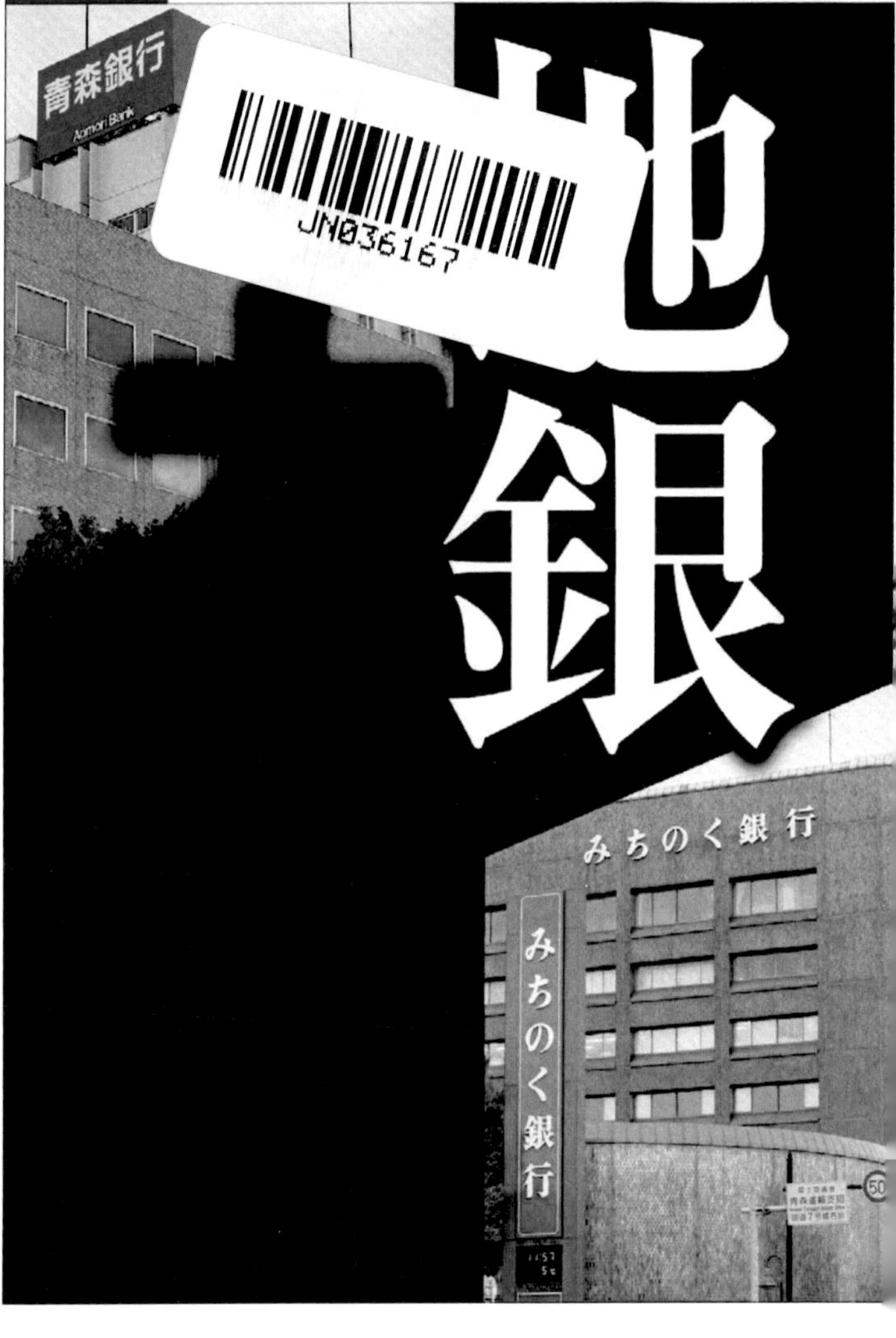

週刊東洋経済eビジネス新書　No.366

地銀　大再編

本書は、東洋経済新報社刊『週刊東洋経済』2020年11月28日号より抜粋、加筆修正のうえ制作しています。情報は底本編集当時のものです。（標準読了時間　90分）

地銀　大再編　目次

・〔PROLOGUE〕　菅首相が追い込む地銀の崖っぷち……1
・地銀再編は何のためか……9
・大胆予測！　地方銀行の再編構想……13
・ゆうちょ銀行再編ファンド構想の幻……24
・全国地銀〝生存〟MAP……28
・列島縦断〝再編〟ルポ……34
・SBIが次に狙う銀行……56
・INTERVIEW　SBIホールディングス社長・北尾吉孝……63
　・「われわれが再編を主導することはない」……63
・SBIの運用資産急伸……68
・地銀再編に群がる人々……71
・経営統合の「効果」と「限界」……73

・信金・信組を襲う再編の波……81
・激変する仕事と出世……88
・変わり始めた出世の道……99
・〔EPILOGUE〕　地銀が歩むべき新たな道……104

PROLOGUE

菅首相が追い込む地銀の崖っぷち

それは、ある地方銀行が記者クラブで決算発表をしている最中のことだった。「日銀が地銀再編を支援する新しい制度を発表しましたが、どう受け止めていますか」質疑に応じていた頭取にも初耳の話。当然、想定問答なども用意しておらず、しどろもどろになってしまったという。

同じ時刻、別の地銀では、経営企画部の電話がけたたましく鳴り響いていた。「どういうことですか」「詳しく聞かせて」。経営陣はもちろん、各部署からも問い合わせが相次いでいたのだ。

まさに蜂の巣をつついたような騒ぎになったのは、2020年11月10日に日銀が突然、「地域金融強化のための特別当座預金制度」を発表したからだ。

この制度は、地銀と信用金庫を対象とし、経費削減や経営統合に取り組むことを条件として、日銀への当座預金に年0・1%の上乗せ金利をつけるというもの。2022年度までの時限措置として導入するとしている。

具体的な条件としては、経費を業務粗利益で割った経費率（OHR）の改善率が19年度から22年度までに4%以上になること、経費の改善額が同時期に6%以上になること、そして23年3月末までに合併や連結子会社化といった経営統合を決定すること。これら3つのいずれかを満たした場合に対象となる。

ここ数年、地銀を苦しめてきたマイナス金利政策が、条件付きとはいえ一部修正されることに、地銀は色めき立ったのだ。

こうした発表を受けて、ある地銀では、「削れる経費をすべて洗い出せ!」との大号令がかかったという。

地銀の反応はさまざまだ。「チャレンジしたい」「経営統合によって費用がかさんでおり、達成は可能。すぐ申請したい」と歓迎する声が上がる一方で、「かなりの経費をすでに削っており簡単ではない」「これまで再編に取り組んできた地銀が損をすることになり不公平」といった不満も聞かれる。とはいえ、どの銀行も「達成できるかどうかは別にして、取り組まない手はない」と前向きだ。

相次ぐアメとムチ

しかしこの政策について、金融関係者の間では「禁じ手だ」と評判が悪い。「日銀はミクロ経済には手を出さないというのが不文律。こんなことをしたら金融政策がおかしくなってしまう。執行部もそれがわかっているから、総裁会見がない通常会合で決めたのだろう」と日銀元幹部は指摘する。

それからわずか2日後の12日。今度は政府が、地銀や信金の経営統合や合併に対し、システム統合費用などの一部を補助する交付金制度を21年夏にも創設する方針が明らかになる。申請期限は26年3月末までの5年間弱、最大で30億円程度となる見通しだ。

こうした政策がアメならば、政府はムチも用意する。2カ月前の9月中旬。金融庁の氷見野良三長官は地銀首脳とのオンライン会合で、公的資金による資本注入の要件を大幅に緩和した改正金融機能強化法の活用を検討してほしいと訴えた。

同法は経営責任や収益目標を求めなかったり、返済期限を設けなかったりと、銀行にとって使い勝手はよくなっている。だが、ひとたび公的資金が注入されれば、「再編を進めたい国の言うことを聞かなければならなくなる」（地銀幹部）ことは必至。経営の自主性が失われるのは目に見えている。

硬軟両方を巧みに使い分けながら、政府・日銀が一丸となって地銀を追い込む背景には、菅義偉首相の存在があった。自民党総裁選挙前に「地銀は数が多すぎるのではないか」と発言、翌日に再編について「選択肢の1つ」と踏み込み、地銀に再編を迫ったのだ。

実は日銀も、この発言を受けて大手地銀に対し、「経費はどれくらい下げられますかね」とヒアリングを行っていた。「今振り返れば、準備していたのだろう」とこの地銀の幹部は振り返る。

前出の日銀元幹部も「政府はもちろん、日銀も前のめりになっているのは、明らかに菅首相への忖度。首相の本気さを感じ取り、歩調を合わせたのだろう」とみる。

しびれを切らす首相

菅首相がここまで踏み込むのは、地銀を取り巻く環境が劇的に変化し、存在意義さえ失いかけているにもかかわらず危機意識が薄いことに、いら立っていたからだ。

長引く超低金利政策で、貸出金利は大幅に低下。地域経済の縮小も相まって本業だけでは生きていけず、今後、赤字の地銀が増えるのは必至だ。

新型コロナウイルスの感染拡大で、企業業績の悪化は著しく、貸し倒れに備えた引当金など与信コストは増加傾向。おのずと地銀の健全性も劣化していく。

しかも、過去に注入された公的資金の優先株がすべて普通株に強制転換される「一斉転換」が24年に迫っている地銀も少なくなく、返済できなければ実質的に国有化される危険性が高まっている。

にもかかわらず、地銀は変わろうとしない。第二地銀こそ減っているものの、第一地銀に関してはこの40年間、63～64行のまま。長きにわたって金融当局が再編を呼びかけてきたのにだ。こうした状況に菅首相がしびれを切らし、〝爆弾〟を投じたというわけだ。

金利は大幅に低下 ―銀行の貸出残高と貸出金利の推移―

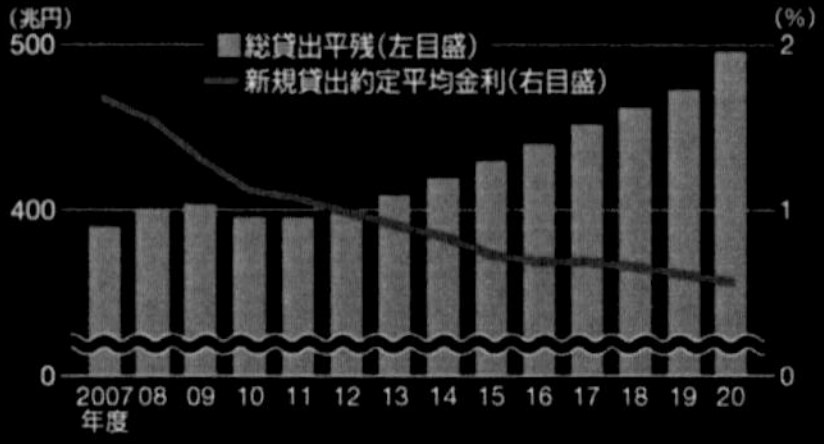

(注)2020年度は8月までの数値
(出所)日本銀行「貸出・預金動向」「貸出約定平均金利」

一斉転換の2024年が迫る ―公的資金注入行の概要―

銀行名	注入年月	金額	転換開始年月	一斉取得年月
豊和銀行	2006年12月	90億円	2008年4月	2014年3月
福邦銀行	09年3月	60億円	11年10月	24年4月
南日本銀行	09年3月	150億円	12年10月	24年4月
みちのく銀行	09年9月	200億円	17年4月	24年10月
きらやか銀行	09年9月	200億円	10年10月	24年10月
第三銀行	09年9月	300億円	12年10月	24年10月
東和銀行	09年12月	350億円	10年12月	24年12月
高知銀行	09年12月	150億円	10年12月	24年12月
北都銀行	10年3月	100億円	13年4月	25年4月
宮崎太陽銀行	10年3月	130億円	10年10月	25年4月
仙台銀行	11年9月	300億円	13年4月	36年10月
筑波銀行	11年9月	350億円	12年7月	31年10月
東北銀行(震)	12年9月	100億円	13年6月	37年9月
きらやか銀行(震)	12年12月	200億円	12年12月	24年10月
きらやか銀行(震)	12年12月	100億円	13年6月	37年12月
豊和銀行	14年3月	160億円	14年4月	29年4月

借り換え

(注)(震)は経営責任が問われず、返済期限が緩和されている震災特例の公的資金
(出所)金融庁

本誌では、全国の地銀の現状を徹底取材し、今後起こりうるだろう地銀再編を大胆予測。さらにビジネスモデルや行員の働き方にも注目し、地銀が生き残る道について探った。

かつて、これだけ明確に地銀の再編について言及した首相はいなかった。それだけに、インパクトはすさまじいものがある。追い込まれた地銀に残された時間は少ない。

（藤原宏成、田島靖久）

■ 持ち株会社化が多い ―2000年以降の地銀再編―

北洋銀行	2001年4月	札幌銀行と経営統合、札幌北洋HD発足
	08年10月	北洋銀行と札幌銀行が合併（名称は北洋銀行）
	12年10月	北洋銀行が札幌北洋HDを吸収合併
関西みらいFG	2004年2月	関西銀行と関西さわやか銀行が合併、関西アーバン銀行に
	10年10月	関西アーバン銀行とびわこ銀行が合併
	17年11月	りそなHDが関西みらいFGを設立、近畿大阪銀行を完全子会社化
	18年4月	関西みらいFGが関西アーバン銀行、みなと銀行を完全子会社化
	19年4月	近畿大阪銀行と関西アーバン銀行が合併、関西みらい銀行に
ほくほくFG	2004年9月	北海道銀行と北陸銀行が経営統合し発足
じもとHD	2005年10月	殖産銀行と山形しあわせ銀行が経営統合、きらやかHD発足
	07年5月	殖産銀行と山形しあわせ銀行が合併、きらやか銀行に
	08年10月	きらやか銀行がきらやかHDを吸収合併
	12年10月	きらやか銀行と仙台銀行が経営統合し発足
紀陽銀行	2006年2月	紀陽銀行と和歌山銀行が経営統合、紀陽HD発足
	06年10月	紀陽銀行と和歌山銀行が合併
	13年10月	紀陽銀行が紀陽HDを吸収合併
山口FG	2006年10月	山口銀行ともみじ銀行が経営統合し発足
	11年10月	北九州銀行を設立、3行体制に
ふくおかFG	2007年4月	福岡銀行と熊本ファミリー銀行（現熊本銀行）が経営統合し発足
	07年10月	親和銀行を経営統合
	19年4月	十八銀行を経営統合
	20年10月	親和銀行と十八銀行が合併、十八親和銀行に
フィデアHD	2009年10月	北都銀行と荘内銀行が経営統合し発足
池田泉州HD	2009年10月	池田銀行と泉州銀行が経営統合し発足
	10年5月	池田銀行と泉州銀行が合併、池田泉州銀行に
筑波銀行	2010年3月	関東つくば銀行と茨城銀行が合併、筑波銀行に
トモニHD	2010年4月	徳島銀行と香川銀行が経営統合し発足
	16年4月	大正銀行を経営統合、3行体制に
	20年1月	徳島銀行と大正銀行が合併、徳島大正銀行に
十六銀行	2012年9月	十六銀行と岐阜銀行が合併
東京きらぼしFG	2014年10月	東京都民銀行と八千代銀行が経営統合、東京TYFG発足
	16年4月	新銀行東京を経営統合
	18年5月	傘下3行が合併、きらぼし銀行に
九州FG	2015年10月	鹿児島銀行と肥後銀行が経営統合し発足
コンコルディア・FG	2016年4月	横浜銀行と東日本銀行が経営統合し発足
めぶきFG	2016年10月	常陽銀行と足利HDが経営統合し発足
西日本FHD	2016年10月	西日本シティ銀行と長崎銀行が経営統合し発足
三十三FG	2018年4月	三重銀行と第三銀行が経営統合し発足
	21年5月（予定）	三重銀行と第三銀行が合併、三十三銀行に
第四北越FG	2018年10月	第四銀行と北越銀行が経営統合し発足
	21年1月（予定）	第四銀行と北越銀行が合併、第四北越銀行に

（注）Fはフィナンシャル、Gはグループ、HDはホールディングスの略。再編に動いた時期の順

自助、自立は簡単じゃない

地銀再編は何のためか

銀行界がこの話で持ち切りになった菅義偉首相の「地銀の数」発言。菅首相の信念である「自助」の精神を地方銀行に求めているのではとみる向きが多い。

第1のポイントは、菅首相が就任に際し意見を聞いた親しい民間人の一人に、小泉純一郎内閣で特命金融担当相を務めた竹中平蔵氏がいたことだ。バブル崩壊後、大手銀行の不良債権処理の最終局面（2002〜03年）を指揮した竹中氏は、新自由主義的な「自立」思想の人だ。

日本のバブルは1990年代初めには崩壊したが、2003年のりそな銀行への公的資金注入まで、不良債権問題の終結には約10年を要した。1990年代には時価会計ではなかったこと、企業や銀行の破綻法制が未整備だったことなど、制度や行政側の遅れに加え、処理に税金を使うことへの国民の反発もあった。

不良債権問題の原因はよく知られている。日本の金融機関は土地を担保に融資する慣行が根強かったところへ、1985年のプラザ合意後の円高不況に対応した低金利政策で資産バブルが発生。地価が上昇を続け、野放図な融資が可能になった。

日本では大企業製造業の牽引する高度成長がすでに終焉。新興国に追われる中、大企業の資金需要は減少するとともに、その調達先も機動的でコストの安い海外資本市場に移っていった。邦銀はこうした構造変化に対応すべきと早くから指摘されながら、安易に稼げる不動産関連融資に傾斜。事業の評価能力を欠いていたことも大きかった。

不良債権の山を築いた大手銀行はその処理を行う過程で、国際市場、格付け会社などからは資本不足となることを指摘され、竹中氏は公的資金の注入と引き換えに追い込む形で再編を進めた。その強引な手法には批判もあったが、この後、大手行は「護送船団方式」を脱して、自立経営へ移行していったといえる。

横並び、遅れる対応

一方、地銀は、大手行の別働体だったり、建設・不動産関連に頼っていたりした一部は整理されたものの、多くは財務の健全性を維持した。

しかし、2000年代に顕著になってきたのが、少子高齢化と東京一極集中による地方人口の減少、地元産業の衰退だ。これも90年代に始まっていたが、横並びの金融行政の下で、やはり対応が遅れていた。

金融行政そのものも2000年代には大きく振れた。当初は大手行と基準は異なるものの、地銀にも厚い自己資本、厳しい資産査定を迫った。

だが、2008年のリーマンショックで180度転換。民主党政権下、亀井静香金融担当相は金融円滑化法を成立させた。中小企業の資金繰り支援を最優先とし、返済猶予や条件変更に、積極的に応じるようにというもので、「平成の徳政令」などと揶揄された。

2011年には東日本大震災が起きたため、13年まで延長され、その後も金融監督指針や金融検査マニュアルではこの基本路線が堅持された。

一方、日本銀行の超低金利政策は続き、16年にはマイナス金利政策が導入されるなど、地銀の金利収入は減退の一途をたどった。

こうした状況に危機感を抱いたのが、15～18年に金融庁長官を務めた森信親氏だった。「地銀の多くは実質赤字でこのままでは生き残れない」として、公正取引委員会と対立してまで再編を後押し。さらに、横並びの指導をやめると、金融検査マニュアル廃止の方針を打ち出すなど、やはり自立を求めた。

菅首相は、この森氏や竹中氏とのつながりが強いことから、規制を緩和する一方で、地銀にも自助、自立を要求しそうだ。

横並びが染み付く業界での自助、自立は簡単ではない。地銀の頭取からは「再編ありき」に反発するコメントが聞かれる。確かに再編は手段の1つにすぎない。だが、菅首相は自助、自立には一定の規模と体力が必要だと思っているのだろう。


（本誌コラムニスト・大崎明子）

追い詰められて待ったなし

大胆予測！　地方銀行の再編構想

「あの記事をリークして書かせたのは、統合に反対しているみちのく銀行の幹部だとの見方がもっぱらだ」

金融当局の関係者が語るのは、青森銀行とみちのく銀行との間で経営統合構想が浮上しているという記事について。両行が2021年春にも資産査定を始め、持ち株会社を設立して経営統合する構想があるというものだ。

この記事が出たのは、菅義偉首相が「地方銀行の数が多すぎる」と発言した翌々日、「再編も1つの選択肢になる」と踏み込んだ翌日というタイミングのよさだった。

しかし、通常こうした記事は、両行が交渉するための委員会を設置したり、取締役会で決議したりといったタイミングで報じられるもの。まだ何も決まっていない生煮えの段階で、〝浮上〟などという見出しで表に出てしまうのは極めて異例だ。

当局関係者は、「生煮えの段階で漏れれば、さまざまな思惑が交錯して話が潰れるのはよくある話。弱いみちのくが青森に食われるのを恐れ、潰そうと考えたのではないか」と解説する。

苦境にあえぐみちのく銀行

リークした幹部が誰かは定かではないが、こうした話が出るのも無理はないことだ。みちのく銀行は過去、19年にわたってトップに君臨し続けてきた大道寺小三郎氏のワンマン経営に加えて、採算度外視の事業拡大があだとなって財務体質が悪化。青森県住宅供給公社巨額横領事件などの不祥事も起こし、金融庁から早期是正勧告を受けた。

その後、みずほグループから役員の派遣を受け再建を目指してきたが、19年度の決算でも貸倒引当金の増加や有価証券の含み損処理によって11年ぶりの赤字に転落するなど、厳しい状況が続いている。

さらに、みちのく銀行は２００９年に注入された２００億円の公的資金も抱えており、返済期限が４年後に迫っている。足元の自己資本比率は７・６２％だが、公的資金を返済すれば国内基準行の自己資本比率規制で定められた４％に一歩近づくことになり、早期のテコ入れは待ったなしだった。

こうした事情もあって、１９年度に青森銀行と包括連携を結び、ＡＴＭの相互開放や事務の共通化などを進めてコストの削減を目指したが、経営統合となれば話は別。県内に2行しかないライバル行で長年しのぎを削ってきた青森銀行にのみ込まれてしまうのは明白で、危機感を強めた幹部が話を潰そうとしてもおかしくないというわけだ。

両行は、「経営統合を前提とした協議は行っていない」と否定する。だが、青森銀行の成田晋頭取は「今後、1行だけで対応できないようなニーズが出てきたときには、考えていかなければいけない」と語り、地域のために必要であればという条件付きで、将来的な統合に含みを持たせている。

そもそも、こうした構想は「数年前から議論が行われていた」とある地銀幹部は明かす。にもかかわらず、実現に向けて進まなかった背景には青森銀行側の思惑もあった。

ある地銀幹部は、「みちのくが実質的な破綻認定を受け青森が救済した、という形を取りたいからだ」とし、「統合後の無用な争いを避けるために、明確な優劣をつけたいというのが本音だろう」と指摘する。

統合は避けられない

両行の経営統合は、リークによる報道先行で不透明な状況だが、外堀は埋められつつある。

ふくおかフィナンシャルグループ傘下で長崎県の十八銀行と親和銀行の経営統合をめぐって公正取引委員会と金融庁がバトル。一部で「菅首相の裁定があった」ともささやかれるが、公正取引委員会が折れる形で独占禁止法の特例法が施行され、１０年間の時限措置で、一定の基準を満たせば同一県内の地銀同士でも統合できるようになったのだ。

東京商工リサーチのメインバンク調査によれば、県内の青森銀行のシェアは42・55%、みちのく銀行のシェアは28・95%と、両行合わせれば7割を超える。だが、特例法のおかげで統合が可能になった。

ただ、統合に複雑な思いを抱える中小企業経営者は少なくない。というのも、「あえて両行と取引して、リスクを分散させてきた」(中小企業の経営者)からだ。両行が統合されればそのバランスが崩れてしまう。「青森には地銀が2行しかないから、それが1つになってしまうと…。わざわざ県外の地銀と取引するのにも抵抗がある」と経営者は吐露する。

とはいえ、「県内の経済環境を考えれば、統合は避けられない」との見方は根強い。キーワードは「人口減少」と「社長の高齢化」だ。

国立社会保障・人口問題研究所の推計によれば、青森県の人口は2015年から

20年までで約7万人減少。さらに将来に目を向けると、45年には15年と比べて4割近く減少してしまう。これは全国で2番目の減少幅だ。

銀行の本業は預金を集めて貸し出すこと。人口が減れば預金が集められず、資金需要も確実に縮小する。4割減るパイを2行で争いながら収益を維持していくのは、至難の業だ。

地元の企業の現状も深刻だ。青森県の社長の平均年齢は63・11歳と高く、今後、近いうちに〝引退ラッシュ〟が到来することは間違いない。事業承継が進まず、そうした企業の休廃業が増加すれば、融資先も大幅に減少。新型コロナの影響も拍車をかける。

■ 高齢化で先行きが見えない
—社長の平均年齢、65歳以上人口比率ランキング—

	社長の平均年齢（歳）			65歳以上人口比率（%）	
1位	高知県	64.25	1位	秋田県	37.16
2位	秋田県	64.13	2位	高知県	35.24
3位	岩手県	63.70	3位	山口県	34.29
4位	山形県	63.67	4位	島根県	34.27
5位	島根県	63.38	5位	徳島県	33.65
6位	長崎県	63.33	6位	山形県	33.43
7位	富山県	63.25	7位	青森県	33.28
8位	新潟県	63.17	8位	和歌山県	33.12
9位	青森県	63.11	9位	岩手県	33.09
10位	宮崎県	63.08	10位	愛媛県	32.99

（出所）東京商工リサーチ「全国社長の年齢調査」

さらに問題を複雑にしているのが、東北地方の産業構造だ。ほかの地域と比べて、農業や漁業といった1次産業や建設業の占める割合が大きい。東京商工リサーチ青森支店の担当者によると、「農業や建設業は後継者不足が顕著。しかもマンパワーやノウハウが必要で、事業承継は容易でない」という。

こうした地域性を考えれば、いつまでも不毛な争いを続けるのではなく、統合によって両行の顧客基盤を提供し合い、売り手と買い手をマッチングさせたり、後継者を紹介し合ったりして、収益源の拡大を図ることは、有望な選択肢だろう。

東北3行統合説も浮上

みちのく銀行の苦境もあって、青森県ばかりクローズアップされがちだが、東北地方の経済環境はどの県も似たり寄ったり。そのため青森銀行と秋田銀行、そして岩手銀行の3行が経営統合を目指しているのではないかとみる向きもある。事実、「数年前から、青森銀行は3行の経営統合のほうが重要だと考えているフシがある」と地銀関係者は明かす。

青森・秋田・岩手の3行統合も

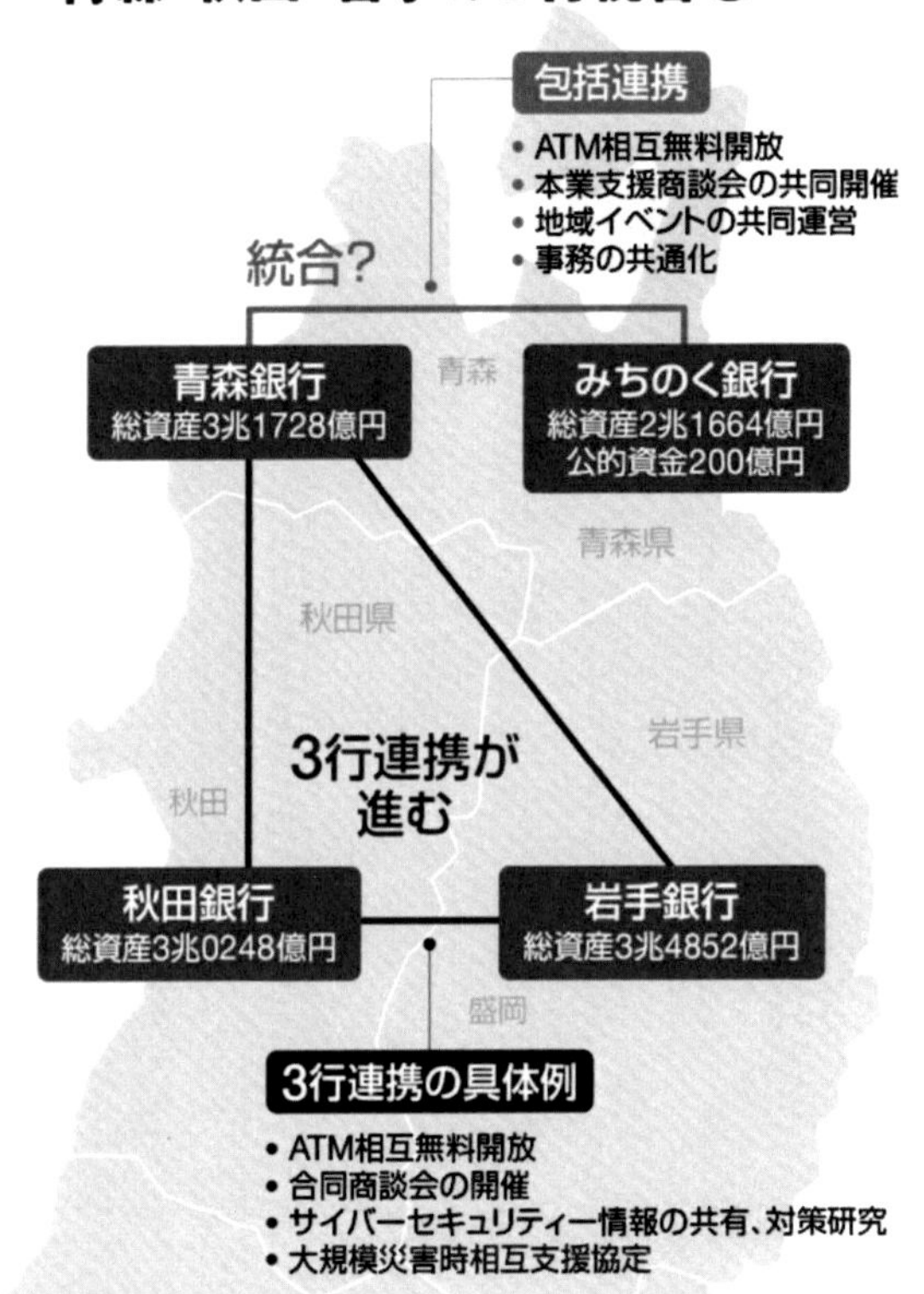

(注)総資産は20年3月期末時点。 (出所)各行資料を基に東洋経済作成

２０４５年までの人口減少幅は、秋田県が全国1位、岩手県も6位と高水準。社長の高齢化も等しく高水準だ。１次産業が多いという産業構造も同じで、県境をまたいで連携することを検討していてもおかしくはない。

そもそも3行の親密ぶりは広く知られているところで、過去にも連携施策を多く打ち出してきた。最初に発表されたＡＴＭの相互開放は２０００年までさかのぼるなど、すでに二十年来の仲なのだ。

その後も関係が希薄化することはなく、０３年には合同商談会などを通じた顧客間の交流を狙う「Ｎｅｔｂｉｘ」を開始。１５年にはサイバーセキュリティーに関する研究を行う専門チームを立ち上げた。直近では、山梨中央銀行を加えた4行で、ブロックチェーンを活用した電子交付サービスを行う「フィッティング・ハブ」を設立している。

問題は、連携の拡大に伴って資本提携や合併にまで踏み込むかどうかだ。最近は横浜銀行と千葉銀行の「千葉・横浜パートナーシップ」や静岡銀行と山梨中央銀行の「静岡・山梨アライアンス」など、資本提携を伴わない業務提携が増えているだけに注目が集まる。

この点に関して青森銀行の成田頭取は、「3行の連携に資本は必要ない」と言い切る。あくまで業務提携の形で連携を拡大していくのが基本路線だというのだ。

だが、資本提携まで踏み込まなくても十分生きていける関東や東海地方とは、経済環境が大きく違う。今後、新型コロナウイルスで東北経済がさらに冷え込み、銀行経営に大きな影響を及ぼすような事態に陥れば、3行で資本提携し合い、経営統合にまで発展する可能性も否定できないだろう。

確かに東北地方は大きな企業が少なく、産業構造的な事情もあって、地元経済の厳しさは群を抜いている。とはいえ、人口減少や高齢化といった課題は、程度の差こそあれ、多くの地域に共通する。

そこで、北陸から北関東、東海甲信越、関西、中四国、そして九州まで、各地域の経済状況と地銀の今を徹底取材。今後どのような再編が起きうるのか、大胆に予測する。


（藤原宏成）

ゆうちょ銀行再編ファンド構想の幻

2013年12月、金融庁は全国の地方銀行の頭取に、「金融機関の将来にわたる収益構造の分析について」という1枚のペーパーを配った。

縦軸に各地銀が基盤を置く地域の将来の市場規模の縮小度合いを、横軸に現状の収益性を取ったグラフに、それぞれの地銀が点でプロットされたものだ。

通称、「森ペーパー」。金融庁の検査局長だった森信親氏が作成したもの。今のままでは地銀に将来がないと、再編を含めた生き残り策の策定を地銀に迫ったものだった。

それまでも金融庁は、折に触れて再編を求めてきたが、銀行からは、なしのつぶて。業を煮やした森氏が、客観的なデータを基にしたペーパーを突きつけ、逃げ道をふさいだというわけだ。

その後、森氏は金融庁長官に就任、地銀に対してさらに強硬に再編を迫った。これには、選挙区をバックにした政治家たちが猛反発。そのとき、森氏を全面的にバックアップしたのが菅義偉現首相である。

内閣官房長官だった「菅・森ライン」。2人の蜜月ぶりはそう呼ばれるほどだった。官房長官の後ろ盾を得た森氏に逆らえる者などいるわけがない。抵抗してきた地銀は次々に陥落、再編への道を歩まざるをえなくなった。

発言の裏に森元長官

だが森氏が任期を終え、長官を退任するのに伴って、その関係も終わったと思われていた。ところが、そうではなかったことが明らかになる。菅氏が自民党総裁選挙に名乗りを上げるタイミングで唐突に発した「地銀の数が多すぎる」という言葉によって。

この発言が森氏の助言によるものだということを疑う者はいない。というのもこの時期、森氏を中心として、あるひそかな計画が練られていたからだ。ゆうちょ銀行による地銀再編ファンドの設立だ。

ゆうちょ銀行が1000億円、事業再生で名をはせた冨山和彦氏が立ち上げた経営共創基盤が1000億円を拠出。再編を志向する地銀や、地方企業を支援するというものだ。

事情に詳しい関係者によれば、「不正融資問題を起こして苦境に立たされていたスルガ銀行を軸に、山梨中央銀行や清水銀行などとの再編を視野に入れるなど、具体的な案件まで検討していた」という。

ゆうちょ銀行の社長は池田憲人氏。横浜銀行で代表取締役CFO（最高財務責任者）を務めた後、足利銀行の頭取に就任、その後、ゆうちょ銀行に転じた地銀界の実力者で、森氏と親交が深い。

「ゆうちょ銀行は、莫大な貯金の運用に困っており、話に乗った。人脈も広く、地銀に顔が利く池田さんであれば説得力もあり、地銀のトップたちも耳を傾けるだろうという思惑もあった」（地銀幹部）

森氏にはもう1つ思惑があったとみられている。それは「地銀再編におけるSBI

への対抗軸をつくりたかった」というものだ。

「再編を主導することができなくなった金融庁は、第4のメガバンク構想をぶち上げ、低迷する地銀に出資していたSBIに乗った。しかし森さんは、金融庁が主導すべきとの考え。ならば対抗軸をつくろうと、国の影響が残るゆうちょ銀行と組む道を選んだのだろう」（前出の地銀幹部）

「森さんにしても池田さんにしても、地銀再編を夢見ていたが道半ばだった。その思いを遂げたいという考えもあったのではないか」と別の地銀幹部は語る。

しかし好事魔多し。菅氏の発言によって下地が整ったというタイミングで、ゆうちょ銀行では電子決済サービスを通じた不正引き出し問題が起きてしまう。

「タイミングが悪すぎた」と前出の地銀幹部は語り、「構想は幻となってしまった」と明かす。

そもそもこの構想、地銀業界では、「国の影響が残るゆうちょ銀行が関与するというのは筋がよくない」と評判はいま一つだった。地銀にとっては、一安心というところかもしれない。

（田島靖久）

全国地銀〝生存〟MAP

菅義偉首相の発言に揺れる青森県だが、悠長に議論している時間はないかもしれない。というのも青森県は、再編で県内地方銀行が1行になっても銀行の本業だけでは生き残れない〝不採算県〟だからだ。

そうした不採算県はほかにもある。次の日本地図を見てみよう。

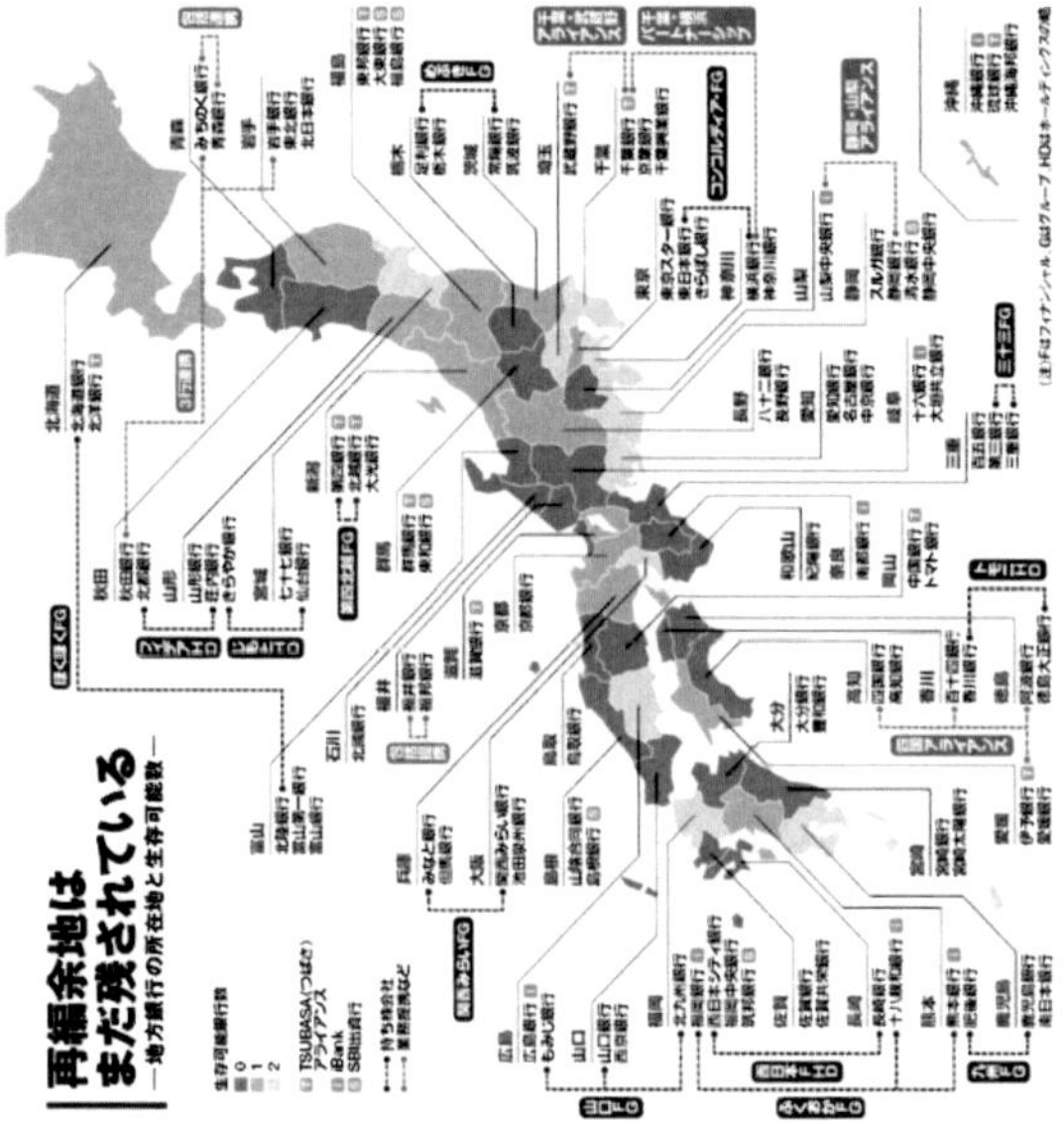

再編余地は
まだ残されている
—地方銀行の所在地と生存可能数—

これは金融庁が2018年に示した道府県別の「生存可能銀行数」を基に3段階で色分けしたものだ。

最も色の濃い23県は青森県同様に1行単独になっても不採算な地域だ。にもかかわらず、その多くは複数の地銀を抱えたままとなっていることがわかる。とくに目立つのは富山県で、3行もの地銀が今なお競争を続けている。

1行であれば生き残ることができる地域を見ても、岩手県、福島県、山形県などは3行の地銀が残っている。また、2行が生き残れるとされている地域でも静岡県や福岡県などは4～5行の銀行がしのぎを削っているのが現状だ。

生存可能数と地域内の銀行数が一致している地域はたったの8府県。菅首相が言うように、まだまだ地銀の数が多いのは明白だ。地図上の破線で示したように、持ち株会社の設立や業務提携の動きは増えてきたものの、合併まで踏み込んでいる銀行はまだわずかだ。

システム連携に注目

銀行が合併する際、意識すべきものの1つに、銀行の命綱ともいうべきシステムがある。

システム統合にかかる費用の一部を補助する考えを政府が示しているとおり、統合する際のコストは非常に重く、合併の障害となっている。

ただ、近年は運営のコストを下げる目的で、ほかの地銀と共同のシステムを使っている地銀が多い。システムが近い銀行同士であれば、統合する際のコストを低減でき、おのずとハードルは低くなる。

次表は代表的な共同システムとそれを利用している銀行の一覧だ。東北地域で統合が噂されている青森銀行、秋田銀行、岩手銀行の3行なども同じシステムを使っている。

システムは共通化が進んでいる
―主要なシステム連合と参加・参加予定行―

プロジェクト名	ベンダー	参加銀行
Chance	日本IBM	常陽銀行、足利銀行、十六銀行、南都銀行、百十四銀行、山口銀行、北九州銀行、もみじ銀行
TSUBASA	日本IBM	千葉銀行、第四銀行、中国銀行、北洋銀行、東邦銀行、北越銀行
じゅうだん会	日本IBM	山形銀行、筑波銀行、武蔵野銀行、八十二銀行、阿波銀行、宮崎銀行、琉球銀行
広銀・FFG	日本IBM	広島銀行、福岡銀行、熊本銀行、十八親和銀行
MEJAR	NTTデータ	北海道銀行、北陸銀行、七十七銀行、横浜銀行、東日本銀行
BeSTAcloud	NTTデータ	北都銀行、荘内銀行、福岡中央銀行、佐賀共栄銀行、長崎銀行、豊和銀行、宮崎太陽銀行、南日本銀行、沖縄海邦銀行
STELLA CUBE	NTTデータ	東北銀行、きらぼし銀行、富山銀行、但馬銀行、仙台銀行、きらやか銀行、福邦銀行、神奈川銀行、長野銀行、名古屋銀行
地銀共同センター	NTTデータ	青森銀行、秋田銀行、岩手銀行、福井銀行、千葉興業銀行、京都銀行、池田泉州銀行、鳥取銀行、山陰合同銀行、四国銀行、西日本シティ銀行、大分銀行、愛知銀行
BankVision	日本ユニシス	北國銀行、山梨中央銀行、スルガ銀行、大垣共立銀行、百五銀行、紀陽銀行、筑邦銀行、佐賀銀行、鹿児島銀行
NEXTBASE	日立製作所	北日本銀行、大東銀行、栃木銀行、大光銀行、静岡中央銀行、中京銀行、第三銀行、徳島大正銀行、トマト銀行、香川銀行、高知銀行、三重銀行

先の表に載っていない群馬銀行や愛媛銀行など、単独でシステムを運用している銀行が、今後どう動くかにも注目だ。そうした銀行はコスト効率化で後れを取り、救済型の再編に頼らざるをえない状態に陥る可能性が高いからだ。彼らがどのシステム連合に加わるかによって、再編の方向性が見えてくるともいえそうだ。

（藤原宏成）

列島縦断〝再編〟ルポ

【関東】ついに動いた群馬　横浜は首都圏連合へ

2020年11月9日、群馬銀行が地方銀行連合「TSUBASAアライアンス」に参加するというニュースに触れた、ある地銀幹部はこうつぶやいた。

「先日、菅首相の発言について群馬銀行の幹部と雑談した際、歯切れが悪かったのはこれが理由だったのかぁ」

TSUBASAアライアンスとは、2015年に千葉銀行が主導する形で第四銀行（新潟県）、中国銀行（岡山県）の3行で発足した地銀グループ。基幹システムの共同化や、さまざまな業務連携を行うといった緩やかな連携で、10行が参加している。

11行目となる群馬銀行は、マネーロンダリング対策の共同化や、M&Aの情報交換プラットフォームへの参加も視野に入れる。さらに、22年に更新時期を迎える基幹システムについても、共同化を進める方向で検討する方針を明らかにした。

地銀幹部が冒頭のように語るのには、理由があった。ここ数年、関東地方では地銀再編が相次いでいるのだ。

東京都民銀行と八千代銀行、新銀行東京（すべて東京都）の3行が合流して東京きらぼしフィナンシャルグループ（FG）が誕生したほか、横浜銀行と東日本銀行（東京都）が統合してコンコルディア・FGが、そして常陽銀行（茨城県）と足利ホールディングス（栃木県）が統合して、めぶきFGが発足した。

さらに、経営統合まで至らなくても、千葉銀行と武蔵野銀行（埼玉県）が、そして横浜銀行と千葉銀行がそれぞれ包括提携を締結するなど、まるでいす取りゲームのように各行は手を結んでいった。

そうした中、群馬銀行だけは単独路線を貫いていた。というのも、地元には製造業や観光業といった有力な産業があり、単独でも生きていけると踏んでいたからだ。

しかし、静岡銀行と山梨中央銀行が株式の持ち合いも視野に包括提携を結んだことが決定打となった。

「ぼやぼやしている間に、関東地銀の再編が一気に進んでしまい、慌てたのではないか」と関東の地銀幹部はみる。

だが地銀界では、常陽銀行と親密だったこともあり、めぶきFGと組み、「北関東連合」を形成するのではないかとの見方がもっぱらだった。

しかし、「県境を接する足利銀行と熾烈な競争を繰り広げた過去があり、融和できないと考えたのではないか。そこで独立性を維持できるTSUBASAを選んだのだろう。また、群馬銀行は三井住友銀行と、常陽銀行は三菱UFJ銀行と親しい間柄だったことも障害だったのかもしれない」と別の地銀幹部は指摘する。

群馬銀行のTSUBASA入りによって、有力地銀の座る〝いす〟はおおむね決まった。だが、これで終わりではない。関東地銀のライバルはメガバンクで、伍していくためにはさらなる拡大を図る〝第2ステージ〟に進む必要があるからだ。

そこで最初に動きそうなのが、横浜、千葉、武蔵野の3行だ。というのも前述した横浜銀行と千葉銀行との提携の際、「ビジネスモデルがかなり違うから」との理由で、あえてコンコルディア・FG傘下の東日本銀行を外し、「武蔵野銀行と連携できることがあれば選択肢としてありうる」（横浜銀行の大矢恭好頭取）と3行連携に意欲を示していたからだ。

「現在は、信託業務や取引先のマッチングなどの分野で連携を進めているが、海外への進出をはじめ、メガバンクと戦っていくためには規模が必要で、強者連合でなければならない。そう考えての発言だったのではないか」とみる地銀関係者は少なくない。

一時期、横浜銀行内部ではりそなホールディングス（HD）との連携を模索する動きもあった。それがかなわなくなった今、「首都圏地銀連合」の道を目指してもおかしくないといえる。

有力地銀の"いす"は決まった
栃木県
茨城県
群馬県
埼玉県
東京都
千葉県
神奈川県
足利銀行
めぶきFG
常陽銀行
ライバル
親密
群馬銀行
東和銀行
(SBIが出資)
合流
筑波銀行
武蔵野銀行
千葉・武蔵野アライアンス
きらぼし銀行
東日本銀行
コンコルディア・FG
横浜銀行
ちばぎん
(千葉銀行)
ちば興銀
(千葉興業銀行)
千葉・横浜パートナーシップ
○…第一地銀
□…第二地銀
(注)FGはフィナンシャルグループの略

【東海・甲信越】静岡・山中は統合か　モテモテの中京銀

「てっきり、横浜銀行は静岡銀行との提携を狙っているのだと思っていた」。2019年7月、ある地銀幹部はそう漏らした。

というのも、横浜銀行が組んだのは同じ首都圏の千葉銀行で、静岡銀行を射止めたのは、地銀中位の山梨中央銀行だったからだ。

「静岡・山梨アライアンス」と名付けられた両行の提携について、東海地方の地銀幹部は「静岡がリードしていくのは明らかだ」とみている。それもそのはず。静岡銀行の総資産は、山梨中央銀行の3倍以上もあるからだ。

それでも、山梨中央銀行には提携せざるをえない事情があった。貸し先がなく、本業がジリ貧なのだ。そのため、2005年からグループ会社育成に力を注ぎ融資以外のビジネスに長けた静岡銀行は、絶好の相手だった。山梨中央銀行は早速、静岡銀行の証券子会社を支店内に出店させるなど積極的だ。

今回、両行は少額の資本提携にも踏み込むとしている。「現時点で経営統合は想定していない」（経営企画担当者）というものの、周辺地銀からは「言及しているのだから、経営統合を意識しているとしか思えない」との声が上がる。

県唯一の地銀である山梨中央銀行を合併する可能性は低いだろうが、将来的に持株会社形式による経営統合まで発展するかもしれない。

両行の動きは、肥沃な首都圏も視野に入れたもの。だが、静岡のお隣、愛知県もホットな地域だ。

トヨタ自動車をはじめ健全な企業が多く、貸出金利が全国平均を大きく下回る〝名古屋金利〟で、周辺の金融機関が猛攻勢をかける。

そんな愛知県には愛知銀行、名古屋銀行、中京銀行と3つの第二地銀がある。中でも、再編に最も近いとされるのが中京銀行だ。

同行はもともと旧東海銀行系。バブル崩壊後、経営危機に陥り、旧UFJ銀行の傘下に入った。今でも約4割の株を三菱UFJ銀行が保有している。

だがリーマンショック以降、メガバンクは国際的な厳しい規制を課せられており、自己資本比率向上を求められている。リスク資産である地銀株も放出対象だ。

事実、三菱UFJ銀行も過去に愛知銀行と百五銀行（三重県）の株を手放したほか、三井住友銀行も関西地銀2行をりそなHDに譲渡。残るは、みずほ銀行が持つ千葉興業銀行株と、中京銀行のみだ。

中京銀行は本店こそ名古屋市にあるものの、創業が三重県のため、営業エリアが県内の2行とは微妙に異なる。「ほかにはない支店網は魅力的だ」（東海地方の地銀幹部）と周辺地銀は関心を示す。ただ、「融資で競合したことがなく、どこに貸しているのかわからない」（別の地銀幹部）という声もあり、手が出しづらいという。

再編相手として名前が挙がるのは、岐阜県の十六銀行。同行は過去に同じ旧東海系の岐阜銀行を統合した歴史を持ち、今も三菱UFJ銀行と親密だ。21年10月をメドに持ち株会社制に移行する予定で、受け入れ態勢も万全に見える。

とはいえ十六銀行は、合同で商談会などを開いている百五銀行や名古屋銀行とも距離が近く、再編の選択肢は1つではなさそうだ。

三菱UFJ銀行の動向に注目
OKB
大垣共立銀行
十六銀行
岐阜県
名古屋に
攻勢
中京銀行
愛知県
三菱UFJが
放出か?
山梨中央銀行
山梨県
静岡・山梨アライアンス
静岡県
静岡銀行
視線は
首都圏に

【北陸】3行連合実現すれば北陸大連合も視野に

北陸地方の再編は今まさに動き出そうとしている。のろしを上げるのは、ともに福井県の福井銀行と福邦銀行。20年3月から包括業務提携を開始、提携開始時から両行のグループ化を視野に入れてきた。「20年度中に資本提携の方針を決めたい」と、両行の頭取は口をそろえる。秒読み段階――。

「Fプロジェクト」と名付けられたこの提携、ほかの地銀グループと比較しても踏み込んだ施策が目立つ。最も特徴的なのが店舗統合だ。

20年5月には福邦銀行の店舗を、福井銀行の支店内に移転。経営統合後の共同店舗化はいくつかある話だが、競合する地銀同士が同一県内で共同店舗を出すのは極めて異例のことだ。

システム面でも連携が進んでいて、福邦銀行のシステムの一部を、福井銀行が使用しているクラウドサービス上に移行させている。すでに統合された銀行のような施策を次々に実行しているのだ。

現時点では、それぞれのブランドを維持していくとしているが、「これまでの動きからしても、より大きな効果を得るために合併するのではないか」（地銀幹部）との見方がもっぱらだ。

統合が実現すれば、福井県の地銀は1行となる。しかし福井県をはじめ富山県や石川県は、県内1行でも採算が取れない〝不採算県〟。そうした状況を踏まえて、さらに先を見据える地銀関係者は多い。

噂されるのは、福井銀行と石川県の北國銀行、富山県の富山第一銀行の統合だ。この3行は2005年から「FITネット」と呼ばれる業務提携を結び、ATM（現金自動預け払い機）の相互開放やビジネスマッチングでの連携を進めている。

カギを握るのは北國銀行だ。カードやリースといったグループ企業のビジネスに力を入れているほか、勘定系システムのクラウド化などデジタル化でも先行しており、当局からも「独自のモデルを形成している」（金融庁関係者）と一目置かれる存在だ。

独自路線を歩む銀行だけに、再編への興味は未知数だが、北國銀行が動けば「北陸大連合」も視野に入ってくるといえる。

【関西】関西地銀と連携加速　りそなが狙う野望

「関西圏にりそなの経営資源をフルコミットする」。りそなＨＤの南昌宏社長は会見でそう意気込んだ。大阪・関西万博を控え、高成長が望めるマーケットに改めて攻勢をかける構えだ。

りそなは、連結子会社の関西みらいＦＧを完全子会社化する。メガバンク主導の地銀再編の代表格である同社は、りそな系の近畿大阪銀行と三井住友系の関西アーバン銀行、みなと銀行の３行が合併して２０１７年に発足。１９年には近畿大阪銀行と関西アーバン銀行が合併し、関西みらい銀行となった。

完全子会社化によって、配当による現金の社外流出を防ぎ、自己資本比率を高めることが可能になる。さらには、本部、事務の集約やグループ共同店舗化など連携策を一段と加速させる方針だ。

りそなの関西での動きは、旧大和銀行時代から目指してきた「スーパーリージョナルバンク構想」に通じる部分がある。旧近畿大阪銀行を「大阪りそな銀行」、旧奈良銀行を「奈良りそな銀行」として、地銀同士の広域連携を進めようとしたのだ。

この構想は、2003年にりそな銀行に公的資金が注入されたことによって頓挫したが、「今でも、りそなはその役割を担いたいと考えている」（東洋大学の野崎浩成教授）とみる関係者は少なくない。

とはいえ、関西の地銀はおおむね統廃合を終えている。紀陽銀行（和歌山県）、南都銀行（奈良県）、滋賀銀行、京都銀行など1県1行体制が整っており、りそなが傘下行を拡大するのは簡単ではない。

そこで近年は、方針を転換。「資本ありきではなく、業務提携で素早く動くことも選択肢になる」と南社長が語るように、地銀との提携施策を拡充している。

運用商品や信託機能など、地銀にはないサービスを提供することで顧客を拡大する方針だ。

すでに、伊予銀行などがりそなの投資商品を販売、めぶきFGがりそなのアプリを導入するなど、連携の輪は徐々に広がりつつある。

最近では、千葉銀行主導のTSUBASAアライアンスや、SBIグループなど、広域連携も再編の1つの選択肢だ。その一角に、りそなが名乗りを上げる日が来るかもしれない。

【中四国】同床異夢の四国連携　トマト銀に関心も

2020年1月、野村證券と徳島県の阿波銀行が証券部門で包括提携したことが発表されると、ある地銀関係者はこうつぶやいた。

「阿波銀行は四国アライアンスの一角で、証券分野で提携を進めてきたはず。にもかかわらず阿波が抜けたのは、アライアンスがあまり効果を上げていないことの表れなのかもしれない」

四国アライアンスが立ち上げられたのは2016年11月。愛媛県の伊予銀行、香川県の百十四銀行、高知県の四国銀行、そして阿波銀行の4行と、いずれも各県でトップシェアを誇る第一地銀のグループだ。

しかし、足並みがそろっているとはいいがたい。元は隣県同士で顧客の奪い合いをしてきた抜き差しならぬライバル関係。それだけに、各行が独立経営を維持したままの緩やかな連携だからだ。

それでも何とか形は整えてきた。最初の提携の成果が、ほかならぬ証券分野だった。四国アライアンス証券（旧いよぎん証券）の商品を4行すべてで取り扱えるようにしたのだ。

事業再生や事業承継に関するファンドもつくっているほか、4月には4行で地域商社を設立。四国の特産品をブランディングしたり販路開拓を支援したりしている。4つの銀行が共同で地域商社をつくるケースは全国でも初めてのことだ。

こうした取り組みが進んでいただけに、阿波銀行の動きは関係者を驚かせた。阿波銀行の板東克浩執行役員が、「足抜けではなく、今後も四国アライアンスは重視していく」と語ったのに対し、ほか3行も「独立経営が基本だから、阿波さんの判断は尊重する」と大人の対応を見せたが、動揺は隠せない。

アライアンスのリーダー役を務める伊予銀行がグリップを利かせなければ、今後、崩壊の道をたどる可能性もゼロではない。

とはいえ、シェアの高い第一地銀はまだいいほう。問題は、各県にそれぞれ1行ずつある第二地銀だ。

そもそも四国アライアンスの結成も、「経済規模に対して銀行数が多すぎる」とした金融庁の意向が働いたとの見方が強く、今後、第二地銀に対しても「数を減らす努力をしろ」という〝天の声〟が降ってきたとしても不思議ではない。

もちろん当人たちも自覚しており、旧徳島銀行と香川銀行が経営統合してトモニHDが発足。その後、瀬戸内海を挟んだ大阪府の大正銀行が徳島銀行と合併して合流した。

このように、経済規模の小さな四国の地銀は、以前から瀬戸内海を挟んだ対岸の地銀との再編を模索してきた。

そこで、がぜん注目が集まっているのが、岡山県の第二地銀であるトマト銀行だ。同じ岡山県の中国銀行から2・9％の出資を受けているが、「中国銀行は救う気はない」(地元の地銀関係者)。

そこで、さらに営業基盤を拡大させたいと考えているトモニHDが狙いを定めているとの観測が浮上している。また、広島銀行も秋波を送っているとの見方もあり、トマトを誰がもぎ取るのか注目されている。

中国地方では、山口県の第二地銀である西京銀行も苦しい状況。一部には、山口銀行と関係が深かった第一生命保険の89歳女性の元営業職員が19億円をだまし取り、被害者から訴えられていることをきっかけに、「金融当局が山口銀行に対し、西京の面倒を見ろと迫るのではないか」との見方もある。

こうした動きが現実化すれば、中四国地方の第二地銀にも再編の風が吹きそうだ。

【九州】十八親和銀の誕生で仁義なき戦いが勃発

まさに「仁義なき戦い」が九州で繰り広げられている。ふくおかFG傘下の2行が20年10月1日に合併して発足した長崎県の十八親和銀行が猛攻勢をかけているのだ。

「引き受けてくれと頭を下げてきたから助けてやったのに、舌の根も乾かぬうちに剥がしにやってくるなんて。少々、お行儀が悪いのではないか」

九州のある地銀幹部が怒るのも無理はない。実は十八銀行と親和銀行が合併する際、長崎県内の中小企業向け貸出金のシェアが75％程度にまで達し競争を阻害するとして、公正取引委員会から待ったがかかった。そのため両行は、貸出債権を他行に譲渡してシェアを低下させるという荒業に打って出たのだ。その額は1000億円ともいわれている。

他行からしてみれば、合併が認められなくても知ったことではない。しかし、「債権が訳のわからないところに行くのはまずいと考え、地元経済のために協力した」（地銀幹部）という。にもかかわらず十八親和銀行は、合併するや否や融資先に出向き、新規融資の提案という形で取引先の奪還を進めているというのだ。

こうした動きに出るのも、好調だった九州経済に陰りが見え始めているからだ。「新型コロナウイルスに対するさまざまな〝延命策〟によって、倒産企業こそ増えていないものの、水面下でスポンサーを探し始めている上場企業も出ている」（地元財界関係者）状況。そのため、優良な取引先を早く取り戻しておきたいという意思が働いているのだ。

地元経済に陰りが見え始める中で発せられた菅首相の「地銀の数」発言に、九州地銀も穏やかではいられない。ほかの地域より早く再編が進んだ分、選択肢が少なくなっているからだ。

九州の第一地銀大手の中で、再編に動いていないのは佐賀銀行と大分銀行、そして宮崎銀行だ。このうち最も早く動くとみられているのは佐賀銀行だ。

「佐賀県は実質的に福岡県の経済圏で、佐賀銀行の営業基盤も福岡が中心。しかも隣の長崎県は、すでに十八親和銀行がふくおかFG、長崎銀行が西日本フィナンシャルHDの傘下に入っており、組む相手はいない。そのため、ふくおかFGの軍門に下るのは時間の問題だ」と九州の地銀幹部はみる。

次に動きそうなのは宮崎銀行。地理的な事情から、九州北部のグループに参加するのはメリットも少なく難しい。そのため、肥後銀行（熊本県）と鹿児島銀行が経営統合して誕生した九州FGに合流するのが最も合理的だ。

このように考えていくと、残されるのが大分銀行だ。宮崎銀行と親密で、19年には「地方創生に関する包括連携協定」を結んでいる。

しかし、外国人観光客を取り込むためのルート開発や、特産品の販路拡大を図るといったふわっとした内容。しかも、リリースにわざわざ「両行は独立した経営を堅持していく方針であり、将来の経営統合を目的とするものではございません」と書くあたり、「両行が統合する可能性は低い」（九州の地銀幹部）とみられている。

「大分は完全にバスに乗り遅れた。ふくおかFGからの声かけを待っているのかもしれないが、コンコルディア・FGを抜いて日本一の地銀グループになったふくおかは、もう興味がないのではないか」（同）との見方がもっぱらだ。

バスに乗り遅れた大分銀行

(注)FGはフィナンシャルグループ、HDはホールディングスの略

再編が急ピッチで進む九州だが、第二地銀はこれからだ。

中でも大分県の豊和銀行は、「金融当局からのプレッシャー」（別の九州の地銀幹部）を受けた西日本シティ銀行から出資してもらっているが、「これ以上、支援するつもりはなさそう」（同）で、公的資金の返済も頭が痛い問題。2006年に注入された公的資金を14年に借り換えてしのいでいるが、返済期限の29年までに抜本的な対策を講じる必要がある。

ほかにも宮崎太陽銀行や、鹿児島県の南日本銀行など、各県の第二地銀はいずれも苦しい。かつて九州では、各地の第二地銀同士が連合を組んでシステムの共有化などを目指す、「九州第二地銀構想」が浮上したことがある。しかしこれは、ある地銀首脳の思いつき。実体は何もなく、いつのまにか雲散霧消してしまった。

そのため、「最後の頼みの綱はSBI」との声が多く聞かれる。九州では福岡の筑邦銀行がSBIからの出資を受けており、「SBIが九州地銀の再編に乗り出してくれれば」と期待を寄せているわけだが、思いが通じるかは不透明だ。

（田島靖久、藤原宏成、野中大樹）

SBIが次に狙う銀行

2020年9月をメドに地方銀行10行との資本業務提携を目標として掲げていたSBIホールディングス（HD）。しかし、ここにきて新たな提携先探しに苦戦している。10月28日の決算説明会では「思ったよりも時間がかかる」と北尾吉孝社長の本音もこぼれた。

SBIHDで地銀との提携交渉を担っているのは副社長の川島克哉氏。目標達成に向けて各地の地銀に提携を持ちかけているが、断られることも多く「一度断られても提案を変えて何度もアプローチしている」（SBI幹部）という。

2019年9月に発表した島根銀行との資本業務提携を皮切りに、SBIHDは地銀5行に出資。北尾氏がぶち上げた「第4のメガバンク構想」という呼称もあって、当時は「限界地銀を統合・再編し、3メガバンクに次ぐ規模の銀行を立ち上げるつもりではないか」という観測が流れた。だが、最近では、ＳＢＩの地銀に対する姿勢が大きく変化している。

10月に発表した東和銀行との提携は配慮が強くにじむ内容だった。

プレスリリースからしてこれまでとは様子が違う。すでに提携を発表した島根銀行、福島銀行、筑邦銀行、清水銀行との発表文には「資本業務提携に関するお知らせ」とタイトルがつけられている。

ところが、東和とのリリースは「地元企業向け共同ファンドの設立および戦略的業務提携強化に関する合意書締結のお知らせ」。ＳＢＩからの出資については文書の後半まで触れていない。

出資のあり方も変化している。最初に出資した島根こそ28％以上の株式を保有しているものの、提携行が増えるにつれて保有比率が下がっている。さらに、4行目の清水はＳＢＩからの出資だけではなく、銀行側もＳＢＩの株を取得する相互出資になった。

極め付きが東和だ。ＳＢＩからの出資は最大でも発行済み株式の1％を取得するだけ。株価にもよるが、出資額は約2・6億円にとどまる。一方、東和も2億円を上限にＳＢＩＨＤの株式を取得すると発表しており、額面上は両社がほぼ対等となる構図だ。

東和との提携では共同ファンドという新しい枠組みも出てきた。ＳＢＩが進めるもう1つの地銀戦略「地方創生パートナーズ」でも地域の企業向けにファンドを設立するが、こちらは参加者が多く、意思決定に時間がかかっている。

そこで、今回は東和とＳＢＩしか参加しないファンドを新設。コロナ禍の資金需要に対応するため、年内の設立を目指している。

地銀への配慮を強めている背景には、根強い「ＳＢＩアレルギー」がある。20年5月に株式を取得した大東銀行に対しての「あいさつに来ないなら役員選任議案に反対する」という発言に象徴される、北尾氏の強烈な個性が一部の地銀から敬遠されているのだ。

前出の幹部は「地銀にはＳＢＩ色に染められてしまうような漠然とした恐怖感があ

るのだろう」と指摘する。

最初の出資先が限界地銀の代表格である島根だったことも地銀が遠ざかる原因だ。出資比率も高く〝救済〟という印象が強く出てしまったことで、プライドの高い地銀が「われわれには救済など必要ない」とかたくなになっている。

だが、ＳＢＩとしても一度打ち出した10行という目標を今さら引っ込めるわけにはいかない。そこで手を替え品を替え地銀へのアプローチを繰り返しているわけだ。

ただし、提携先探しが完全に行き詰まっているわけではなさそうだ。決算説明会で提携先が内定しているのか問われた川島副社長は「相手のメドもないのに『メドがついた』とは言わない」と釈明。具体的な時期は示さなかったが、3行以上との提携に自信を示した。

では、次の提携先とはいったいどこなのか。ＳＢＩが展開している8つのサービスのうち、いくつ利用しているかをまとめた。提携数で上位に顔をそろえた5行については、すでに資本業務提携している。

■提携の数が多いほど親密
―地方銀行とSBIグループの主な提携内容―

銀行名	提携数	主な提携内容			
		地方創生アセット	金融商品仲介	共同店舗	マネータップ
島根銀行	8	○	○	○	○
福島銀行	8	○	○	○	○
筑邦銀行	7	○	○	○	○
清水銀行	6	○	○	○	○
東和銀行	6	○	○	○	○
愛媛銀行	6	○	○	○	○
北日本銀行	5	○	○		○
仙台銀行	5	○	○	○	○
山口FG	5	○			○
みちのく銀行	4		○	○	○
青森銀行	3	○	○		
秋田銀行	3	○	○		
京葉銀行	3		○	○	○
筑波銀行	3	○	○	○	
福井銀行	3	○	○		○
大東銀行	1	○			

(注) 青地はすでに資本業務提携している銀行、茶地は提携数が多い銀行。山口FGは山口フィナンシャルグループの略で、山口銀行、もみじ銀行、北九州銀行の提携内容を含む。提携数は主な提携内容以外の4項目を含む。表で示した銀行は一部。提携内容は左からSBI地方創生アセットマネジメントへの資本参加、SBI証券との金融商品仲介業における業務提携、共同店舗「SBIマネープラザ」の運営、マネータップへの資本参加
(出所)SBIホールディングスのアニュアルレポート2020、プレスリリースを基に東洋経済作成

最有力は愛媛銀行

そうした視点で見ると最有力候補は愛媛銀行だ。有価証券運用の一部を肩代わりするSBI地方創生アセットマネジメントに出資。SBI証券との共同店舗も構えるなど、すでに6つを利用している。

愛媛がSBIと提携すれば、コスト面での効果も大きい。愛媛は基幹システムを自前で運用しており、経費率は75・54％（9月末）と地銀平均並み。SBIが計画する基幹システムの共通プラットフォームに参加すれば、関連の費用を大幅に軽減することができる。

岩手県の第二地銀、北日本銀行も有力候補だ。自己資本比率は8・88％と平均的だが、経費率が81・14％と地銀平均より高い。

有力地銀の山口フィナンシャルグループもSBIと親密だ。準大手証券の東海東京フィナンシャル・ホールディングスとの合弁証券会社を抱える山口は、金融商品仲介や共同店舗では提携できない。

だがこの2つを除く6項目中5項目ですでに提携。地方創生パートナーズにも出資している。万が一山口が加わるようなことがあれば、地銀救済というレッテルも払拭することができ、名実ともに「第4のメガバンク」となるだろう。

思惑どおりにならない相手には厳しい言葉をぶつける一方で、親密先には配慮を重ねて口説き落とす。SBIの手法が今後も注目を集めそうだ。

（梅垣勇人）

「われわれが再編を主導することはない」

SBIホールディングス　社長・北尾吉孝

——第4のメガバンク構想が目標としていた10行に届いていません。

（提携先は）もう決まっているんだけど、相手には株主もいる。金融庁にも話をしに行かなければならないとか、遅れているのにはいろんな理由がある。新型コロナウイルスの感染者数が増えており、「東京から来ないでほしい」という意識も強い。だからといって、こういう（提携の）話をＺｏｏｍでやるというのも適当ではない。

——政府が地銀の再編を期待しています。

10行の中で、自らの意思で統合を決断する銀行があったとしても、それはそれ。

われわれが再編や統合を主導するものではない。

――地銀の再編が必要だという議論をどうみていますか。

小さい市場に多くの地銀がいるという点で、明らかに数は多すぎる。そこで、独禁法の特例を設けたり、公的資金も出しますよと宣言したりしているわけだが、統合や再編を進めるだけでは規模の経済も働かず、生き残れないだろう。

――銀行が統合すればコストが下がり生き残りやすくなるのでは。

本当に効果がある統合にするためには、店や人の数を減らすしかない。しかし、店の数は減らせても、人はそう簡単に切れない。

規模の経済が働くということは、2つの企業を統合したときに生産性が上がるということだ。だが、仕事量が変わらないのに人だけ増やすと、1人当たりの生産性は逆に下がってしまう。

銀行が3つも4つも統合してできたメガバンクを見てほしい。規模の経済が働くのであれば、もっとプラスになっているはずだ。しかし、みんな「大変だ」といって雇用を減らしているではないか。

――人を減らさずに生産性を上げるには、仕事の量を増やすしかありませんね。

そのための地方創生パートナーズだ。地方創生を本当にやろうとしたら、地域の金融機関だけではなく、地域経済の主体である中小企業や地域の人々、地方公共団体もすべて巻き込む必要がある。

――東和銀行と共同ファンドを立ち上げますが、なぜファンドなのですか。

これまで証券や保険で（銀行を）お手伝いしてきたが、それだけでは不十分だ。地銀にとって今いちばん心配なのは、コロナ禍で通常の2～3倍の額を貸し付けている企業が数年後に不良債権になることだ。

われわれは創業以来、ベンチャー企業を上場させるために、企業に足りない機能を補うなど、さまざまな支援をハンズオンで行ってきた。山形県では破綻寸前の企業を再生した実績もある。
東和銀行とのファンドではお金を入れるだけではなく、こうしたわれわれのノウハウも提供し、地元の中小企業を支援していく。

――東和銀行には公的資金の返済が残っています。SBIが肩代わりすることはありえますか。

そんなことはしない。ウチは慈善事業をやっているのではない。
ただ、東和銀行の会長には公的資金を「できるだけ早いうちに返しましょう」と申し上げた。（自己資本比率が）8％以上なのだから、十分返せる実力がある。コロナの影響でいったん返済を止めているが、われわれが後ろ盾である以上、返済を再開しても問題ないはずだ。

（聞き手・梅垣勇人）

北尾吉孝（きたお・よしたか）

1951年生まれ。74年慶応大学経済学部卒業後、野村証券入社。92年野村証券事業法人三部長、95年ソフトバンク常務などを経て、99年ソフトバンク・インベストメント（現SBIホールディングス）社長兼CEOに。

自社商品を優先的に勧めると利益相反に

SBIの運用資産急伸

SBIグループが有価証券運用でも地銀への営業攻勢を強めている。10月末の決算説明会では、島根銀行から受託している642億円相当の運用について、「従来マイナスだった実質利回りがプラスに転じた」と発表し、運用成績のよさを強調。同社の幹部は、「金融庁への説明のために、地域金融機関に同行することもある」と胸を張る。

実際、地域金融機関の有価証券運用を肩代わりするSBI地方創生アセットマネジメントの預かり資産残高は急伸している。

■ 預かり資産が1年半で15倍に
—SBI地方創生アセットマネジメントの運用資産残高推移—

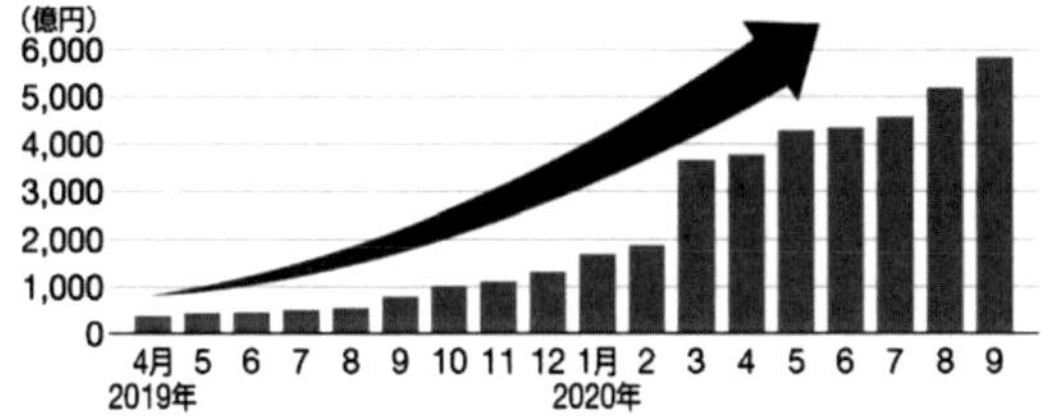

(出所)モーニングスターの2021年3月期第2四半期決算説明会資料を基に本誌作成

背景には、運用がうまくいっていないという地銀の事情がある。国債中心の運用は超低金利政策で困難に。高利回りを求めて手を出した外国債で失敗し、損失を計上する地銀が相次いだ。

金融庁も地銀のずさんな運用実態について2018年にモニタリング結果を公表し警告。20年2月の文書でも「有価証券運用における外部専門家・外部機関の活用」に言及し、自前の運用にこだわりすぎないよう求めている。

だが、金融商品の選定を行う企業と、運用を担うアセットマネジメント会社が同じグループの傘下であることには、以前から顧客との利益相反の懸念が指摘されている。とくに大手証券系の運用会社は、ノウハウに乏しい地銀に社員を出向させ、自社グループの運用会社が組成した商品を優先的に購入させているのではないかと疑われてきた。

運用難の地銀がSBIに求めているのは、第三者の視点から、優れた金融商品やポートフォリオを提案すること。〝我田引水〟とならないように、徹底した利益相反管理が求められている。

（梅垣勇人）

トップアナリストも参戦

地銀再編に群がる人々

地銀再編に目をつけているのはＳＢＩグループやゆうちょ銀行だけではない。新たなプレーヤーが参戦してきている。

現在、ファンド設立の認可取得を進めている「ありあけキャピタル」もその１つ。代表を務めるのはゴールドマン・サックス証券で金融セクターのアナリストを務めていた田中克典氏。投資調査部の最高責任者も務めた華々しい経歴の持ち主だ。

ターゲットとするのは、ビジネスモデルを模索している中堅の地方銀行だ。「地方に不足しているのは、ヒトとカネ。地銀には地域の優秀な人材も、お金もある。地域を活性化するモデルは考えられるはず」（田中氏）とみている。ほかにも「あえて機能を絞って、全国展開ができるようなモデルも選択肢になる」という。

ただ田中氏は、「単純な銀行同士の統合には意味がない」と語る。規模が大きくなっても預金の調達コストが下がるだけ。融資が儲からない以上、統合にかかるコストのほうが高くついてしまう。

あくまで儲かるモデルを構築したうえで、ほかの銀行への横展開が有効であれば再編を進めるという考え方だ。

ファンドとしてのうまみもある。背景にあるのは地銀の株価の低さだ。10月時点で銀行のPBRは0・3倍程度。地銀に限ればさらに割安だ。

マーケットが倒産を意識していることは明らかだ。しかし、地銀が破綻して価値がゼロになるかといわれれば可能性は低く、非現実的な価格にあることは間違いない。田中氏は、「今後も持続可能であることさえ示せれば、評価は上がるはず。ファンドにとっては絶好の投資機会だ」と語る。

地銀はこれまで市場で見放されてきた。だが、割安さに目をつけたプレーヤーが出てくる下地は整っている。

（藤原宏成）

経営統合の「効果」と「限界」

「本格的に効果が出るには時間がかかる。それまでは苦労することばかりだったよ」

ある地方銀行の幹部はそう振り返る。

この地銀は、隣接する地域で経営不振にあえいでいた地銀を合併によって経営統合。かつてのライバルを内部に取り込んだ。

当時、経営企画部にいたこの幹部の元には、システム統合や店舗統廃合など、次々に難題が舞い込んできたという。

最も効率がいいのは、システムを早期に統合し、店舗も極力減らすこと。しかし、地域から逃げられない地銀である以上、顧客に迷惑はかけられない。

これから一緒に働く元ライバル行員の目も気になる。最適解を求めて、頭を悩ませる日々が続いた。

中でも苦しかったのは、余剰人員の整理だ。

両行は営業エリアが重なっていたこともあり、余剰人員はかなりの数に上った。「取引先に片っ端から当たって仕事を紹介してもらった」（幹部）ことで、何とか全員の出向先を確保できたという。

この幹部は「再編に関する議論で、経営統合や合併などと簡単に言うが、言うは易く行うはかたしだ」と締めくくった。

たいへんな苦労をしてまで、再編に進むべきか否か。その判断基準となるのが、経営統合や合併によってもたらされる「統合効果」だ。

では、再編によって実際のところ銀行はどれほど恩恵を受けることができるのだろうか。最近の事例から探ってみよう。

２０１８年に発足した「きらぼし銀行」は、東京都に本店を構えていた東京都民銀行、八千代銀行、新銀行東京の3行が合併してできた銀行だ。

当初は、東京都民銀行と八千代銀行がATM（現金自動出入機）の相互無料開放などで連携。2行が持ち株会社形式で経営統合した後、新銀行東京も合流し、統合効果を高めるため合併に踏み切った歴史を持つ。

つまり、きらぼし銀行は、「アライアンス」「持ち株会社による経営統合」、そして「合併」という再編の〝フルコース〟を経験している銀行なのだ。

再編の動きが本格化したのは2013年のこと。きっかけは、競争の激化だった。本拠地である東京都はメガバンクのおひざ元であるだけでなく、越境融資で日本各地から地銀が群がる〝激戦区〟だ。それだけに、「競争を勝ち抜くためにはある程度の規模が必要だった」ときらぼし銀行の幹部は振り返る。

時間的な制約もあり、まずは以前から関係のあった東京都民銀行と八千代銀行で持ち株会社・東京TYフィナンシャルグループを設立。その下に2行がぶら下がる形を採った。

この時点で、合併は視野に入れていなかったという。このときの狙いはあくまで、地場の銀行同士の不毛な過当競争を防ぐとともに、連携施策を増やそうというものだったからだ。

その後、新銀行東京が合流するなどしつつ、数年が経過。しかし、統合効果は思ったほどには見えてこなかったという。

トップラインは多少成長したものの、コスト削減効果は一向に出ず。というのも、持ち株会社形式の統合では、傘下の銀行それぞれが営業を続けるため、数多くの機能を残さざるをえないからだ。

「経営が苦しくなってからでは合併コストが賄えず、動けなくなってしまう」（きらぼし銀行幹部）。そう考えた結果、16年に3行の合併を決断。18年にきらぼし銀行が誕生した。

それから2年が経過した20年5月、最大の懸案だったシステム統合を完了し、ようやく合併にかかった費用を効果で回収する段階に入った。

きらぼし銀行が描いている最終的な合併効果は年間約100億円。うち本部の効率化で50億円、店舗の再構築で30億円、そしてシステムの統合で25億円とはじき出している。

■ 3つの地銀が合併—きらぼし銀行の統合の経緯—

年月	出来事
2013年10月	旧八千代銀行と旧東京都民銀行が経営統合検討に基本合意
14年10月	持ち株会社「東京TYフィナンシャルグループ」を設立
15年6月	新銀行東京との経営統合検討に基本合意
16年4月	新銀行東京を統合し、3行体制に移行
18年5月	傘下3行を合併、「きらぼし銀行」に
20年5月	基幹システムを統合

(出所)東京きらぼしフィナンシャルグループの資料を基に本誌作成

■ 統合効果は100億円前後に
—きらぼし銀行の統合効果—

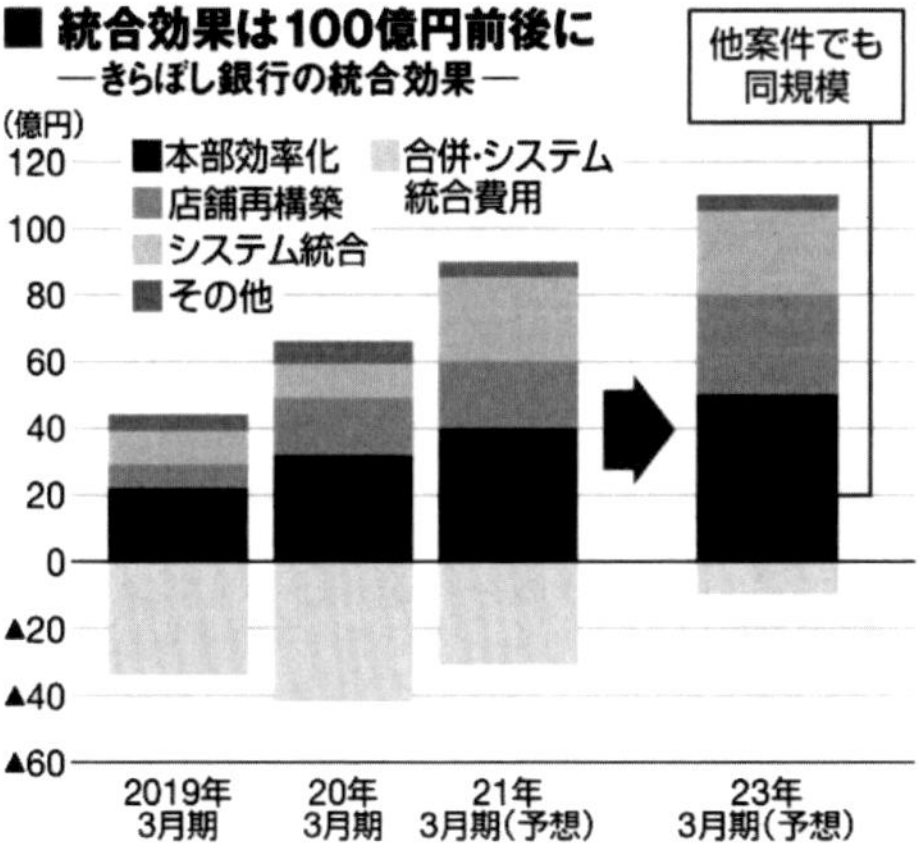

(注)▲はマイナス
(出所)東京きらぼしフィナンシャルグループの資料を基に東洋経済作成

最も大きいのは本部の効率化だ。新銀行東京は店舗数わずか1店という特殊な銀行だったため本部の人員も少なかったが、東京都民銀行と八千代銀行の本部はともに大所帯。それを1つに統合すれば、人員やコストを大幅に削減することができる。

一般的な地銀の場合、本部の陣容はそう大きくは変わらない。ある地銀関係者は、「貸出残高10兆円クラスの大手行でも600人程度、逆に1兆円クラスでも400人程度の規模ではないか」と明かす。

陣容に大差がないのであれば「どんな銀行の合併でも、得られる効果は同じ程度」(同)ということになる。

次に店舗の再構築。きらぼし銀行はこの効果を最大限取り込んでいるといっても過言ではない。同一地域内での統合だったため、重複店舗も多く、店舗削減の余地が大きかったからだ。

逆に、県境をまたぎ営業地域が重ならないような合併の場合、こうした効果はほとんど得られない可能性がある。

システム統合の効果は、個別の銀行によって異なってくる。使っているシステムの規模や、残っている償却の年数などによって大きく上下するからだ。

統合は「延命策」

きらぼし銀行の例からわかるのは、2つの銀行が合併にまで踏み込んだ場合、最低でも50億円程度の効果は得られそうだということ。そのうえで、店舗網の重複度やシステムの状況などに応じて、効果は膨らんでいく。

ただし注意が必要なのは、合併にはコストもかかるということだ。とくにシステム統合にかかる費用は重く、合併行の財務に重くのしかかる。きらぼし銀行の場合、システム統合費用を中心に約200億円ものコストがかかっているという。

きらぼし銀行のように、統合効果が大きいケースであれば、2年程度でコストを回収することも可能。しかし、合併効果が十分でなければ、回収に長い月日を費やすことになる。

さらに問題なのは、銀行の収益が継続的に減少しているということ。日本銀行の「金融システムレポート」によれば、地銀の資金利益と非資金利益の合計は、18年度から19年度までの1年間で863億円も減少している。

これを地銀1行当たりに直せば、約8・5億円。仮に数十億円規模の効果が出たとしても、数年で食い潰す計算だ。これでは、すぐに合併前の苦しい利益水準に逆戻りすることになり、合併した意味がなくなってしまう。

結局のところ、合併は根本的な解決策ではなく、延命措置でしかない。合併によって稼いだ時間と資金、そして人員の余裕を最大限活用して、トップラインを伸ばしていかなければ、本当の意味での合併効果は得られないといえる。

（藤原宏成）

信金・信組を襲う再編の波

2020年11月11日午後、200を超える信用金庫の幹部がWeb会議に参加した。主宰者は日本銀行の金融機構局。通常、信金幹部のカウンターパートは、金融市場調節に携わっている金融市場局。しかし、この日は「初対面の金融機構局の人が話をしていた。きっと政策に関わるからなのだろう」（都内信金幹部）。

会議のテーマは前日に日銀が発表した「地域金融強化のための特別当座預金制度」について。経営統合や経営基盤強化を実現する地域金融機関には、日銀への当座預金に対して年0・1％の上乗せ金利をつけるという優遇制度である。

この制度のターゲットは、実は地方銀行だけではなかった。地銀とともに地域金融を担う信金や信用組合にも向けられていたのだ。日銀は、信組についても「協議などを踏まえ、改めて決定する」としている。

Web会議の後半、質疑応答の時間が設けられ、関西や東海、九州などの信金幹部から、上乗せ金利の適用を受ける気満々の質問が相次いだ。書類の書き方の質問が多かったが、とくに信金幹部の耳目を集めたのが、次の問いだ。

「(上乗せ金利)制度にエントリーしたとして、将来的に要件を満たせなかった場合、ペナルティーはあるのでしょうか」

日銀は上乗せ金利を適用するための要件を複数提示。中には「2022年度の経費を19年度に比べ6%以上減らす」など具体的なものもあった。信金幹部にしてみれば、「経費を減らす努力はするが、2年半も先のことなので、結果として減らない可能性もある。そのとき日銀から処罰があるようなら制度への申し込みを控えたい」というのが本音だ。

これに対する日銀の回答は「ペナルティーはない」だった。

多くの信金幹部がこの回答を聞いてホッと胸をなで下ろした。「経費削減は、いずれにしろ取り組まなければいけない課題。ペナルティーがないのだから、経営会議にかけて上乗せ金利制度にエントリーすることになるだろう」と都内信金幹部は話す。

経営環境が厳しいのは地銀だけでなく信金も同じ。上乗せ金利で得られる利息がわずかであっても、優遇制度にすがる気持ちは強い。

危機感は信金を合併に走らせる。2000年代、信金界では合併が相次ぎ、その数は大きく減った。だが、このところそれも沈静化。10年の合併は2件、11年が1件、以後も毎年0~2件の合併にとどまっていた。

ところが19年になると4件に急増。20年20年もすでに3件に達している。

■合併が着々と進んでいる
―最近の主な信用金庫・信用組合の合併―

合併年月		信金・信組名		都道府県
		合併前	合併後	
2017年	1月	愛知県中央信用組合 三河信用組合	愛知県中央信用組合	愛知
	1月	江差信用金庫 函館信用金庫	道南うみ街信用金庫	北海道
	11月	横浜幸銀信用組合 信用組合岡山商銀	横浜幸銀信用組合	神奈川 岡山
2018年	1月	札幌信用金庫 小樽信用金庫 北海信用金庫	北海道信用金庫	北海道
	1月	宮崎信用金庫 都城信用金庫	宮崎都城信用金庫	宮崎
	1月	佐世保中央信用組合 長崎県民信用組合	西海みずき信用組合	長崎
	12月	福岡県中央信用組合 福岡県南部信用組合 とびうめ信用組合	福岡県信用組合	福岡
2019年	1月	浜松信用金庫 磐田信用金庫	浜松いわた信用金庫	静岡
	2月	桑名信用金庫 三重信用金庫	桑名三重信用金庫	三重
	6月	掛川信用金庫 島田信用金庫	島田掛川信用金庫	静岡
	7月	しずおか信用金庫 焼津信用金庫	しずおか焼津信用金庫	静岡
	12月	新栄信用組合 さくらの街信用組合	はばたき信用組合	新潟
2020年	1月	宮崎都城信用金庫 南郷信用金庫	宮崎第一信用金庫	宮崎
	2月	備前信用金庫 日生信用金庫	備前日生信用金庫	岡山
	9月	北陸信用金庫 鶴来信用金庫	はくさん信用金庫	石川

(注)▒は信用組合　(出所)財務省財務局、全国信用金庫協会

公的資金注入を仰ぐ信組

信組も追い込まれている。

「人口が減り、事業者数も減った。青森県の経済規模は今後も縮小が懸念されている。健全性を確保するため資本支援を申請した」

そう説明するのは青森県信組の古川利彦総合企画部長だ。同信組は20年3月、公的資金72億円の注入を受けた。信組の上部金融機関である全国信用協同組合連合会を通じて資本支援を申請。公的資金を原資に将来的な損失リスク64億円を処理した。

同じ3月には新潟県のはばたき信組も、公的資金20億円の注入を受けた。新栄信組とさくらの街信組が19年12月に合併して発足した信組だ。合併の際、さくらの街信組は約10億円の不良債権を処理。毀損した自己資本を増強するため公的資金を活用した。

信組ではこのほか15～18年にかけて、あかぎ信組（群馬県）、豊橋商工信組（愛知県）、岐阜商工信組、宮崎県南部信組、金沢中央信組（石川県）、鹿児島興業信組、空知商工信組（北海道）、あすか信組（東京都）、愛知県中央信組、西海みずき信組（長崎県）、横浜幸銀信組（神奈川県）に公的資金が注入されている。最後の3つは17～18年に合併を経験した信組だ。

異種合併が相次ぐか

信金・信組の合併は今後も続くだろう。地銀同様、地域経済の縮小に直面し、政府・日銀からのプレッシャーも強いからだ。

ただし、信金・信組は協同組織金融機関。会員・組合員の相互扶助を重視した非営利組織で、利益を出すことが経営の目的ではない。営業範囲が特定の地区内に限られるなど、業務の範囲にも制限がある。そのような信金・信組同士が合併しても、経営改善の余地はあまり大きくないのが実態だ。

そこで考えられるのが、より多くの業務を行える地銀との〝異種合併〟だ。

金融庁は11月9日、金融審議会の銀行制度等ワーキング・グループで地域金融機関の経営基盤強化について話し合った。そこでは銀行、信金、信組といった異種の金融機関が合併するときの制度にかかわる資料も配布された。

現行法でも信金・信組が地銀と合併することは可能だ。2003年に北埼信組を合併した武蔵野銀行（埼玉県）、01年に神戸商業信組を合併したみなと銀行（兵庫県）、2000年に郡上信組を合併した大垣共立銀行（岐阜県）、92年に東洋信金を合併した三和銀行（大阪府、現三菱UFJ銀行）などがある。

近年はこうした異種合併はなかったが、金融審議会での議論なども踏まえ、再び活発化する可能性がある。今後は、地銀も含めた再編の波が、信金・信組にも押し寄せることになるだろう。

（福田　淳）

激変する仕事と出世

2020年に25歳になった男性はある日突然、システム会社への出向を言い渡された。大学時代も文系で、システムに関する知識などゼロに等しいにもかかわらずだ。毎日、わからないことだらけで、与えられた仕事をこなすだけでやっと。「何で俺が…」と苦悩する日々だ。

戸惑うのも無理はない。彼が3年前に就職したのは、地方銀行だったからだ。融資業務の経験も浅く、これからというタイミング。何か失敗をしたわけでも、問題を起こしたわけでもない。支店での成績もよいほうだった。

「出向時にはっきりとは言われなかったが、融資は儲からないからと、最近銀行が推進しているフィンテック関連の新規事業に関われということなのかもしれない」

とはいえ男性は、「いちばん安定していると思ったから銀行に就職したのに、安定どころか俺の将来はいったいどうなるんだろうか」と不安な毎日を送っている。

この男性のみならず、全国22万人を超える銀行員たちは今、大きな変革の波にのみ込まれている。

低金利環境の終わりが見えない中、人口減少で資金需要は確実に減っており、銀行はこれまでの伝統的な銀行業務だけで生き残ることが難しくなってきたからだ。

事態を重く見た金融庁も、銀行に抜本的なビジネスモデルの改革を迫ってきた。しかし銀行法に縛られているうえに、長年リスクを取ることを避けてきた銀行にとって、それは容易なことではなく、先送りを続けてきた。

ところが菅義偉首相が「地銀は数が多すぎる」と発言。「ビジネスモデルを根本から見直し、収益を伸ばしていかなければ再編を迫るぞ」というメッセージを突きつけられた銀行は、「いよいよタイムリミットが迫ってきた」（地銀幹部）と危機感を募らせ、改革を急ぐ。

機能特化型に転換

そうした銀行が、まず手をつけたのが店舗だ。

これまでの店舗は、窓口業務はもちろん、法人営業から個人営業に至るまであらゆるサービスに関わる人員に加え、後方支援する事務スタッフまで抱えてきた。いわゆる「フルバンキング店舗」だ。

しかし、近年はデジタル化が進展。ネットバンキングを利用すれば、店舗に行く必要などほとんどなくなった。実際、あるメガバンクの支店では、来店客数がこの10年で約4割減となっている。

そこで各銀行は、簡単な入出金についてはタブレットや現金自動出入機（ATM）で対応。そのうえで、フルバンキング店舗を順次、「機能特化型店舗」に切り替えている。メガバンクはもちろんのこと、最近では横浜銀行や武蔵野銀行といった地銀にも広がりつつある。

機能特化型店舗とは、店舗網をエリアごとに分け、基幹店だけをフルバンキング店舗として残し、それ以外の店舗は地域の特性や顧客層に合わせて、法人向け融資や、資産運用のコンサルティングなど、さまざまな機能に特化させた店舗だ。

狙いは、マーケティングの手法を取り入れて収益の向上を図るとともに、各店が重複して持っていた窓口や事務作業の効率化を図ることにある。そのため、事務機能は事務センターに集約させている。

メガバンクはさらに踏み込み始めている。これまで行員が対応していた中小企業取引についても、デジタル化を進めているのだ。

保有資産や資金の流れが把握しやすい口座の入出金データを基に、AIでさまざまな条件を決定、融資を実行する。三菱UFJ銀行の「Biz LENDING」やみずほ銀行の「みずほスマートビジネスローン」がそれだ。

顧客にとっても、申し込みから融資に至るまで、すべてがオンライン上で完結するため、利便性は格段に高まるとうたう。

ただ銀行内部からは、「そういうと聞こえはいいが、要は儲からない中小企業融資に人とコストをかけたくないだけ」といった声をはじめ、「中小企業に対する融資こそりスクが高く、プロの目利きが必要なはず。不良債権化しなければいいが……」といった懸念も聞かれる。

さらに、こうしたデジタル化する業務には、「事務の効率化で仕事がなくなる一般職を充てる。首を切ろうにも切れないから、何とか有効活用しようということ」と大手行の幹部は明かす。

いずれにしても、こうした店舗改革を実行して余剰人員を捻出。そこで発生した人員を新規業務に充てることで、新たな収益源を育てようというのが各行の思惑なのだ。

■ 店舗も仕事も人も変わる ―銀行の構造改革の概要―

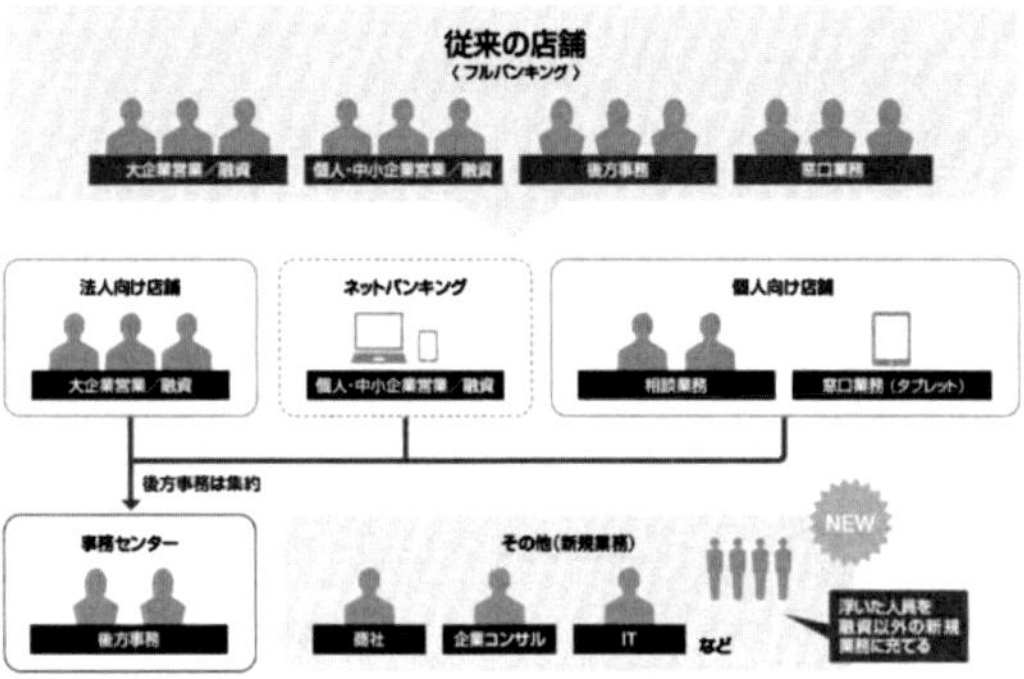

変わる出世コース

このように、店舗が変わればおのずとそこで働く銀行員たちの働き方や待遇も変わる。その最たるものが出世コースだ。

銀行員のキャリアといえばこれまで、支店や本部を数カ所経験して、銀行業務の全体像を知ったうえで、〝一国一城の主〟である支店長まで上り詰めるというのが典型的な出世コースだった。

しかし、機能特化型店舗への移行に伴い、そんな支店長の〝格〟にも大きな変化が生まれ始めている。

融資業務を扱わず、部下も数人といった店舗も登場。支店長という肩書はついていても、「やっていることは、コンビニや携帯ショップなどの店長と変わらない」（地銀幹部）といった事態も生まれているためだ。そのため、「どの店の支店長になれるかが、出世のカギとなる」と地銀幹部は解説する。

しかし、たとえコンビニ店長などと揶揄されても、支店長にまでたどり着ければいいほうだ。なぜなら銀行は大幅な店舗削減に邁進しているからだ。

■店舗削減が活発化 —銀行の店舗削減計画—

	削減前拠点数			削減後拠点数		削減率
三菱UFJFG	2018年 3月	515	→	2024年 3月	300程度	約40%
みずほFG	17年 3月	約500	→	25年 3月	約370	約30%
みちのく銀行	19年 3月	91	→	24年 3月	60	約35%
めぶきFG	19年 3月	337	→	22年 3月	263	約20%※
きらぼし銀行	19年 9月	135	→	23年 3月	100	約25%
東日本銀行	19年 3月	80	→	24年 3月	44	約45%
滋賀銀行	19年 3月	133	→	24年 3月	約100	1/4程度
南都銀行	19年11月	137	→	20年 6月	107	約20%
関西みらい銀行	20年 3月	370	→	23年 3月	280	約25%

(注)※統廃合＋機能見直し。FGはフィナンシャルグループの略

先の表は、代表的な銀行の店舗削減計画をまとめたもの。すでにこれだけの銀行が、20%以上もの店舗削減を計画している。中には、山間部などの支店を閉鎖し、代わりにATMを搭載した「移動店舗車」を導入して対応する銀行も現れているほど。つまり支店長ポスト自体が削減の波にさらされているのだ。

その影響なのか、ある地銀ではここ最近、「よくわからないカタカナの役職が増えている」と行員は明かす。「支店長になれなかった40代前半の行員の〝受け皿〟として意味のない役職を濫造している」(行員)という本末転倒なことまで起きているという。

枠を超えて稼ぐ

確かに今は過渡期のため、こうした混乱が起きるのも無理はない。だがこれからは、みずほフィナンシャルグループの坂井辰史社長が「ゼネラリストにバリューはない。行員それぞれがスペシャリストにならなければならない」と語るように、これまでのような画一的な人事制度からの脱却を図り、専門性の高い行員を評価して登用する必要がある。

ここで磨くべき専門性とは、融資や運用など、伝統的な業務であるとは限らない。冒頭の若手行員のように、銀行の枠を超えた業務にまで拡大している。

事実、地銀も含めて新規ビジネスに関わる子会社の設立が相次いでいる。最も多いのは、地域の特産品などを扱う「地域商社」。地元企業が生産する商品の販路拡大を目指すものだ。

地元企業の業績を向上させることで、手数料収入の拡大を図りながら、新たな資金需要を生む。そうしたサイクルを構築することで、収益の拡大を図ろうというのが狙いだ。

そのほかにもアフターコロナを見据えて、地元企業の経営を支援するコンサルティング会社やフィンテック分野の研究を行うＩＴ企業など、その業務範囲は多岐にわたる。こうした動きに呼応するように、金融庁も銀行に対する業務範囲規制を緩和する方向で議論を進めており、今後、新規事業の選択肢は広がるだろう。

とはいえ課題も多い。中でも大変なのは、こうした新規業務に当たる行員たちの評価だ。

メガバンクや大手地銀ではすでに評価や報酬体系の見直しを進めているが、改革をスタートさせたばかりの中小地銀はまだまだ。「ようやく検討が始まった段階」（関東の地銀幹部）というところも少なくない。

融資しかしてこなかった銀行が、こうした商社パーソンやコンサルタントをいかに評価してやる気を出させ、収益の多角化と拡大に結び付けていくことができるのか。銀行が生き残っていくための大きなポイントになるかもしれない。


（藤原宏成）

変わり始めた出世の道

数億円の年収を稼ぎ、役員はおろか、頭取の給料さえしのぐ「スーパー銀行員」が現れ始めている。

ある地方銀行は、19年、外資系証券会社から運用のプロをヘッドハンティング。すでに数十億円の収益を銀行にもたらしており、成功報酬を加味し銀行員としては破格の年収を出したという。

銀行員の採用といえば、新卒を採用、昇進も年功序列が基本だった。そのため、「何歳のときにいくらもらえるかは、ある程度想定できた」（大手行幹部）という。

だがここ数年、そんな常識が大きく崩れ始めている。その道のプロや専門職を中途採用する動きが活発化しているからだ。

採用だけではない。金科玉条ともいうべき年功序列さえ、撤廃する動きが出始めている。

三菱ＵＦＪフィナンシャル・グループ（ＦＧ）や三井住友ＦＧは１９年、「階層」を減らし、年功序列の撤廃に動いた。

「階層」とは、行員のランクのこと。一定の年数を過ごすと上の階層に上がる権利が生まれ、試験を突破すれば昇格することができる。

就ける役職も階層ごとに割り当てられている。３０代後半が多い階層なら課長、４０代後半が多い階層なら部長や支店長といった具合だ。

三井住友は６つあった階層を３つに、三菱ＵＦＪは５つから３つに減らした。これによって、年齢の若い行員はこれまで就くことのできなかった上位の役職にも就くことが可能になった。

■ 支店長を目指すのはもう古い
—銀行の新しい出世コース—

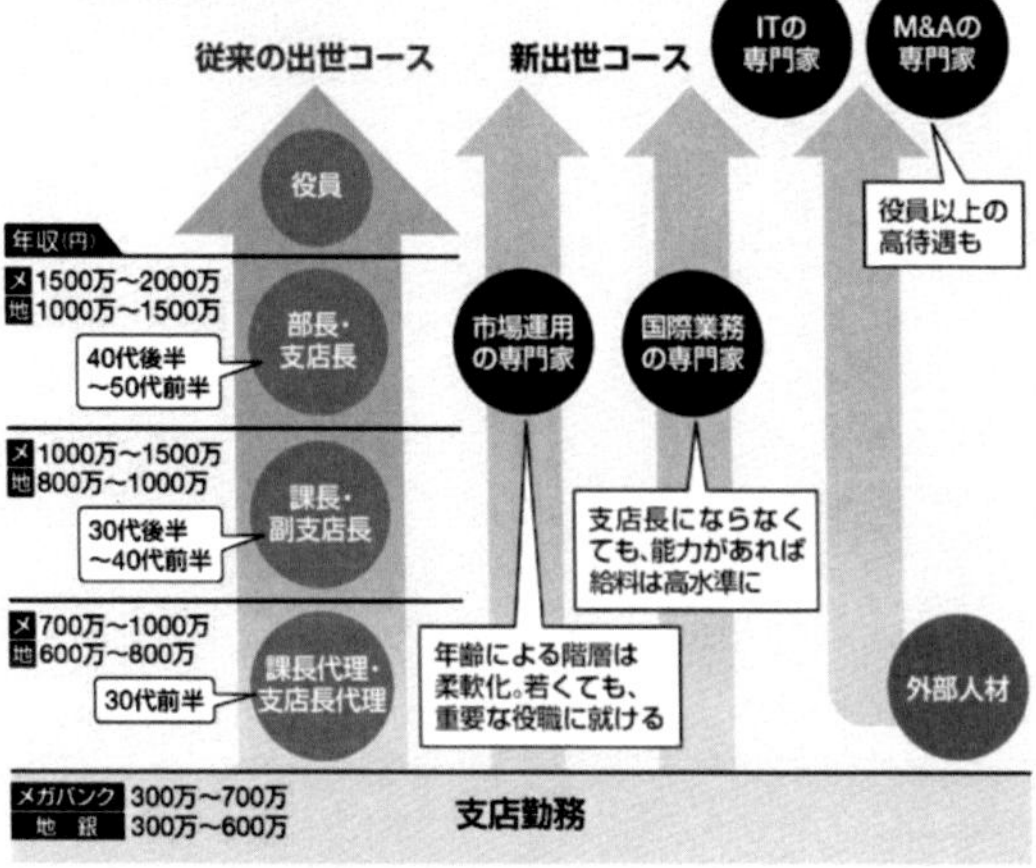

従来の出世コース
新出世コース
ITの専門家
M&Aの専門家
役員
役員以上の高待遇も
年収(円)
メ1500万～2000万
地1000万～1500万
部長・支店長
40代後半～50代前半
市場運用の専門家
国際業務の専門家
メ1000万～1500万
地800万～1000万
課長・副支店長
30代後半～40代前半
支店長にならなくても、能力があれば給料は高水準に
メ700万～1000万
地600万～800万
課長代理・支店長代理
30代前半
年齢による階層は柔軟化。若くても、重要な役職に就ける
外部人材
メガバンク 300万～700万
地銀 300万～600万
支店勤務

事務の仕事でも評価

20年10月には、みずほFGも評価制度にテコ入れを始めた。これまでは「役職」に応じて給料が決まっていたが、これからは「担っている仕事の重さ」で給与が決まる。

つまり、担当する仕事の重要度によっては、「給料面で上司を追い抜くことも可能になった」（人事企画チームの野村聡史次長）ということだ。

今後は、より専門性を評価する体制に変えていく。「その仕事でどんな専門性が身に付くのか、それをどう評価するのかを考慮し、次年度の評価に反映する」（同）方針だ。

ここでいう専門性とは、市場運用の知識や、顧客に対する課題解決力といったものにとどまらない。これまで日陰扱いだった事務部門でも、「知識や、入力のうまさなども専門性となりうる」（同）。要するに業務のスキルを磨くことも評価対象となるわけだ。

これまでの銀行員は、ゼネラリストとして、支店長になることがすべてだった。しかしこれからは、自分のやりたい仕事を究め、評価を高めていく道も開けてきた。

だが現場の行員からは、「すでに資格取得などが評価項目にあるものの、評価されたことはない」、「評価するのが支店長である限り、結局は支店のノルマをどれだけこなしたかで評価されるのではないか」（若手行員）といった冷ややかな声も聞かれる。

新たな出世コースを浸透させるのは簡単ではなさそうだ。

（藤原宏成）

地銀が歩むべき新たな道

「この制度を理由に再編するということは、ありえない」

ある大手地方銀行の頭取は、日本銀行が導入を決めた新しい制度をきっかけに地銀再編が進むのかと聞かれ、そのように答えた。

そして、「再編自体に価値がないとやる意味がない」と続け、再編の加速に否定的な見解を示した。

地銀の再編をめぐる議論が盛り上がるのは、今に始まったことではない。バブル崩壊やリーマンショックなど大きな危機が起き、業績が悪化するたびに浮上するものの、喉元過ぎれば熱さを忘れるで、業績の回復とともに話は消えていった。その後、異次元金融緩和によってマイナス金利になっても地銀の動きは鈍かった。

とはいえ、彼らが何も考えていないわけではない。どちらかというと、座して待っていれば死ぬしかないことは十分すぎるほどわかっているはずだ。なぜなら、地元経済の縮小を肌で感じているし、マイナス金利によって本業不振に陥り、体力を消耗しているからだ。

にもかかわらず動かないのには、彼らなりの理屈があった。

「メガバンクなどと違って、地銀は地元から逃げることができないし、何があっても支え続ける。だからこそ地元では絶大な信頼を得ているんだ。再編に踏み切ってほかの地域の銀行傘下になったり、合併したりすれば、そんな顧客の信頼を裏切ることになってしまう」

ある地銀の首脳はそのように答えた後、「でもね」と言ってこう続けた。

「本音では、長い歴史の中で培ってきたものを簡単に変えることは容易ではないし、地元の名士としてのプライドもある。そして、これが最も大きいが、自分の代で再編して銀行の名前がなくなるようなことだけはしたくない。だから決断できないんだ……」

信金モデルも選択肢

とはいえ、いつまでもそんなことを言い続けている余裕はなくなってきた。菅義偉首相から〝最後通牒〟を突きつけられ、その意を受けた政府・日銀も硬軟織り交ぜた政策で追い詰めているからだ。

「体力のある大手は別にして、中小地銀の尻には火がついた」と地銀幹部は語る。しかし、これまで見てきたように、再編にはさまざまな障害が横たわる。コストもかかって、「統合効果」という果実を得るのはかなり難しい。だがそれは、大手に追いつけ追い越せと規模ばかりを追求しようとするからだ。

中小地銀が大きい地銀のまねをして同じ土俵で戦っても勝てるわけがなく、体力を消耗するだけ。ならば、まったく新しい生き方を模索するほかない。

金融庁の有力ＯＢは、中小地銀の生き残る道について、次のような見解を示す。

「まず地域の近い地銀同士で経営統合し、事務などを共同化してコストを下げる。そのうえで、運用をはじめとするノウハウやスタッフが足りない分野については外部に委託し、得意分野だけで生きていくという選択だ」

営業基盤についても、「県全体ではなく、特定の地域だけに強い中小地銀は少なくない。ならば、その地域だけを深掘りする金融機関になればいい。言うなれば信用金庫モデルだ。今はできないが、将来的には信金との経営統合なども検討課題になるだろう」と語る。

一言で言えば、「フルバンキングモデルからの脱却」だ。強い分野や地域に特化した新しい銀行になるべきだというわけだ。

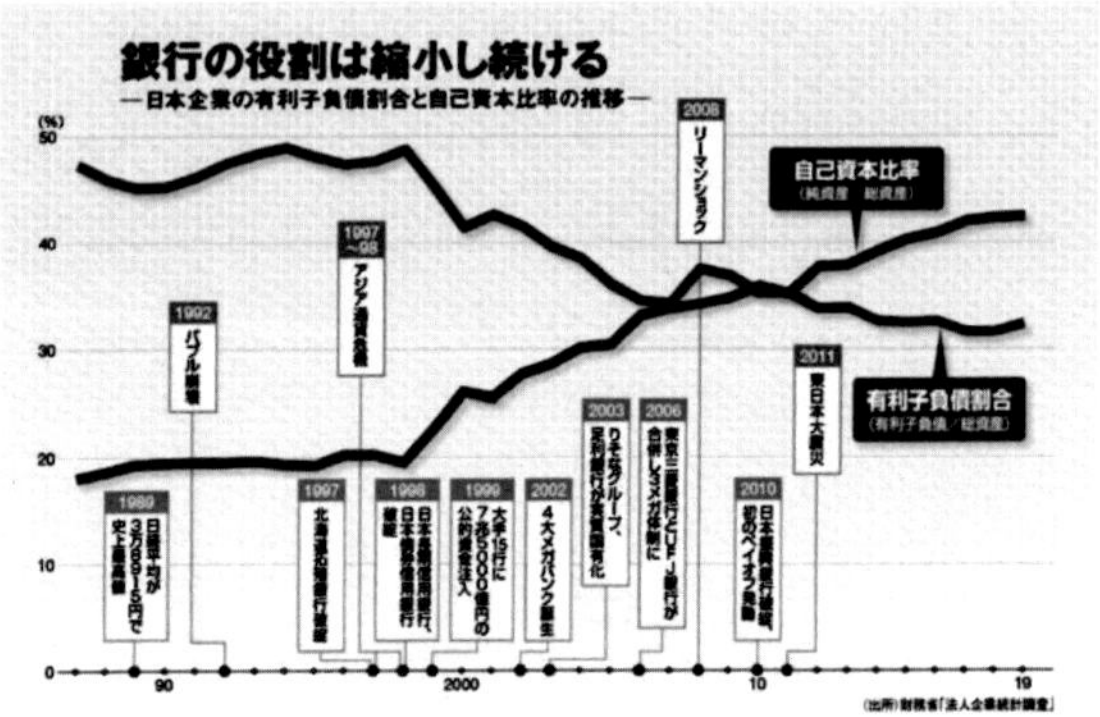
銀行の役割は縮小し続ける
―日本企業の有利子負債割合と自己資本比率の推移―
(%)
50
40
30
20
10
0
90
2000
10
19
1989 日経平均が3万8915円で史上最高値
1992 バブル崩壊
1997〜98 アジア通貨危機
1997 北海道拓殖銀行破綻
1998 日本長期信用銀行、日本債券信用銀行破綻
1999 大手15行に7兆5000億円の公的資金注入
2002 4大メガバンク誕生
2003 りそなグループ、足利銀行が実質国有化
2006 東京三菱銀行とUFJ銀行が合併し3メガ体制に
2008 リーマンショック
2010 日本振興銀行破綻、初のペイオフ発動
2011 東日本大震災
自己資本比率
(純資産／総資産)
有利子負債割合
(有利子負債／総資産)
(出所)財務省「法人企業統計調査」

頼られない銀行

先のグラフは、日本企業の総資産に占める有利子負債の割合と、自己資本比率の推移をまとめたもの。これを見れば明らかなとおり、バブル崩壊後から借り入れへの依存度は低下の一途。反比例するかのように自己資本比率は高まり続けている。つまり資金調達において、日本企業はもはや銀行など頼りにしていないのだ。

「自分たちがいなければ経済が回らないなどというのは幻想で、とっくに飽きられていることに気づくべきだ。ならば、特定の顧客が求めている特定のサービスを磨くべきではないか。そのための費用と時間を『再編』で稼げばいいのだ」（メガバンクＯＢ）

確かに、超低金利政策の出口が見えない中で、銀行法によって手足を縛られている地銀がぼやきたくなる気持ちもわかる。それでも前出の金融庁ＯＢの提言は傾聴に値する。ビジネスモデル転換への最終局面だ。トップの決断がカギを握ることになるだろう。

（田島靖久）

【週刊東洋経済】

本書は、東洋経済新報社『週刊東洋経済』2020年11月28日号より抜粋、加筆修正のうえ制作しています。この記事が完全収録された底本をはじめ、雑誌バックナンバーは小社ホームページからもお求めいただけます。

小社では、『週刊東洋経済eビジネス新書』シリーズをはじめ、このほかにも多数の電子書籍ラインナップをそろえております。ぜひストアにて「東洋経済」で検索してみてください。

『週刊東洋経済eビジネス新書』シリーズ

No.336 検証！ NHKの正体

No.337 強い理系大学

No.338 世界史&宗教のツボ

No.339 MARCH大解剖

No.340 病院が壊れる

No.341　就職氷河期を救え！
No.342　衝撃！　住めない街
No.343　クスリの罠・医療の闇
No.344　船・港　海の経済学
No.345　資産運用マニュアル
No.346　マンションのリアル
No.347　三菱今昔　150年目の名門財閥
No.348　民法&労働法　大改正
No.349　アクティビスト　牙むく株主
No.350　名門大学　シン・序列
No.351　電機の試練
No.352　コロナ時代の不動産
No.353　変わり始めた銀行
No.354　脱炭素　待ったなし

No.355　独習　教養をみがく
No.356　鉄道・航空の惨状
No.357　がん治療の正解
No.358　事業承継　M&A
No.359　テスラの実力
No.360　定年消滅
No.361　激動の半導体
No.362　不動産　勝者と敗者
No.363　弁護士業界　最前線
No.364　YouTubeの極意
No.365　デジタル大国　中国

週刊東洋経済eビジネス新書　No.366
地銀　大再編

【本誌（底本）】
編集局　　藤原宏成、田島靖久、梅垣勇人、大崎明子、野中大樹、福田　淳
デザイン　佐藤優子、杉山未記
進行管理　下村　恵
発行日　２０２０年１１月２８日

【電子版】
編集制作　塚田由紀夫、長谷川　隆
デザイン　市川和代
制作協力　丸井工文社
発行日　２０２１年８月５日　Ver.1

発行所　〒103-8345
東京都中央区日本橋本石町1-2-1
東洋経済新報社
電話　東洋経済コールセンター
03（6386）1040
https://toyokeizai.net/
発行人　駒橋憲一

電子書籍化に際しては、仕様上の都合などにより適宜編集を加えています。登場人物に関する情報、価格、為替レートなどは、特に記載のない限り底本編集当時のものです。一部の漢字を簡易慣用字体やかなで表記している場合があります。本書は縦書きでレイアウトしています。ご覧になる機種により表示に差が生じることがあります。

※本刊行物は、電子書籍版に基づいてプリントオンデマンド版として作成されたものです。